ŒUVRES
DE
VICTOR HUGO
DE L'ACADÉMIE FRANÇAISE

NOUVELLE ÉDITION, ORNÉE DE VIGNETTES
ET AUGMENTÉE DE « LA LÉGENDE DES SIÈCLES »

POÉSIE
TOME VI

LES CONTEMPLATIONS, II
AUJOURD'HUI — 1843-1856

PARIS
Vᵛᵉ Aᵈʳᵉ HOUSSIAUX, ÉDITEUR
HÉBERT ET Cⁱᵉ, SUCCESSEURS
7, RUE PERRONET, 7

1875

OEUVRES
DE
VICTOR HUGO
POÉSIE

PARIS. — IMPRIMERIE DE E. MARTINET, RUE MIGNON, 2

ŒUVRES
DE
VICTOR HUGO
DE L'ACADÉMIE FRANÇAISE

NOUVELLE ÉDITION, ORNÉE DE VIGNETTES
ET AUGMENTÉE DE LA LÉGENDE DES SIÈCLES

POÉSIE
TOME VI

LES CONTEMPLATIONS, II
AUJOURD'HUI — 1843-1856

PARIS
Vve Adre HOUSSIAUX, ÉDITEUR
HÉBERT ET Cie, SUCCESSEURS
7, RUE PERRONET, 7

1875

PARIS. — IMPRIMERIE DE E. MARTINET, RUE MIGNON, 2

OEUVRES
DE
VICTOR HUGO
DE L'ACADÉMIE FRANÇAISE

NOUVELLE ÉDITION, ORNÉE DE VIGNETTES
ET AUGMENTÉE DE « LA LÉGENDE DES SIÈCLES »

POÉSIE
TOME VI

LES CONTEMPLATIONS, II
AUJOURD'HUI — 1843-1856

PARIS
Vve Adre HOUSSIAUX, ÉDITEUR
HÉBERT ET Cie, SUCCESSEURS
7, RUE PERRONET, 7

1875

LIVRE QUATRIÈME

PAUCA MEÆ

1

Pure Innocence! Vertu sainte!
O les deux sommets d'ici-bas!
Où croissent, sans ombre et sans crainte,
Les deux palmes des deux combats!

Palme du combat Ignorance!
Palme du combat Vérité!
L'âme, à travers sa transparence,
Voit trembler leur double clarté.

Innocence! Vertu! sublimes
Même pour l'œil mort du méchant!
On voit dans l'azur ces deux cimes,
L'une au levant, l'autre au couchant.

Elles guident la nef qui sombre;
L'une est phare, et l'autre est flambeau;
L'une a le berceau dans son ombre,
L'autre en son ombre a le tombeau.

C'est sous la terre infortunée
Que commence, obscure à nos yeux,
La ligne de la destinée;
Elles l'achèvent dans les cieux.

Elles montrent, malgré les voiles
Et l'ombre du fatal milieu,
Nos âmes touchant les étoiles
Et la candeur mêlée au bleu.

Elles éclairent les problèmes;
Elles disent le lendemain;
Elles sont les blancheurs suprêmes
De tout le sombre gouffre humain.

L'archange effleure de son aile
Ce faîte où Jéhovah s'assied,
Et sur cette neige éternelle
On voit l'empreinte d'un seul pied.

Cette trace qui nous enseigne,
Ce pied blanc, ce pied fait de jour,
Ce pied rose, hélas! car il saigne,
Ce pied nu, c'est le tien, Amour!

> Janvier 1843.

II

15 FÉVRIER 1843

Aime celui qui t'aime, et sois heureuse en lui.
— Adieu ! — sois son trésor, ô toi qui fus le nôtre !
Va, mon enfant béni, d'une famille à l'autre.
Emporte le bonheur et laisse-nous l'ennui !

Ici, l'on te retient ; là-bas, on te désire.
Fille, épouse, ange, enfant, fais ton double devoir.
Donne-nous un regret, donne-leur un espoir ;
Sors avec une larme ! entre avec un sourire !

Dans l'église, 15 février 1843.

4 SEPTEMBRE 1845

III

TROIS ANS APRÈS

―

Il est temps que je me repose,
Je suis terrassé par le sort.
Ne me parlez pas d'autre chose
Que des ténèbres où l'on dort !

Que veut-on que je recommence?
Je ne demande désormais
A la création immense
Qu'un peu de silence et de paix!

Pourquoi m'appelez-vous encore?
J'ai fait ma tâche et mon devoir.
Qui travaillait avant l'aurore
Peut s'en aller avant le soir.

A vingt ans, deuil et solitude!
Mes yeux, baissés vers le gazon,
Perdirent la douce habitude
De voir ma mère à la maison.

Elle nous quitta pour la tombe;
Et vous savez bien qu'aujourd'hui
Je cherche en cette nuit qui tombe,
Un autre ange qui s'est enfui!

Vous savez que je désespère,
Que ma force en vain se défend,
Et que je souffre comme père,
Moi qui souffris tant comme enfant!

Mon œuvre n'est pas terminée,
Dites-vous. Comme Adam banni,
Je regarde ma destinée,
Et je vois bien que j'ai fini.

L'humble enfant que Dieu m'a ravie
Rien qu'en m'aimant savait m'aider ;
C'était le bonheur de ma vie
De voir ses yeux me regarder.

Si ce Dieu n'a pas voulu clore
L'œuvre qu'il me fit commencer,
S'il veut que je travaille encore,
Il n'avait qu'à me la laisser !

Il n'avait qu'à me laisser vivre
Avec ma fille à mes côtés,
Dans cette extase où je m'enivre
De mystérieuses clartés !

Ces clartés, jour d'une autre sphère,
O Dieu jaloux, tu nous les vends !
Pourquoi m'as-tu pris la lumière
Que j'avais parmi les vivants ?

As-tu donc pensé, fatal Maître,
Qu'à force de te contempler,
Je ne voyais plus ce doux être,
Et qu'il pouvait bien s'en aller?

T'es tu dit que l'homme, vaine ombre,
Hélas! perd son humanité
A trop voir cette splendeur sombre
Qu'on appelle la vérité?

Qu'on peut le frapper sans qu'il souffre,
Que son cœur est mort dans l'ennui,
Et qu'à force de voir le gouffre,
Il n'a plus qu'un abîme en lui?

Qu'il va, stoïque, où tu l'envoies,
Et que désormais, endurci,
N'ayant plus ici-bas de joies,
Il n'a plus de douleurs aussi?

As-tu pensé qu'une âme tendre
S'ouvre à toi pour se mieux fermer,
Et que ceux qui veulent comprendre
Finissent par ne plus aimer?

O Dieu! vraiment, as-tu pu croire
Que je préférais, sous les cieux,
L'effrayant rayon de ta gloire
Aux douces lueurs de ses yeux?

Si j'avais su tes lois moroses,
Et qu'au même esprit enchanté
Tu ne donnes point ces deux choses,
Le bonheur et la vérité,

Plutôt que de lever tes voiles,
Et de chercher, cœur triste et pur,
A te voir au fond des étoiles,
O Dieu sombre d'un monde obscur!

J'eusse aimé mieux, loin de ta face,
Suivre, heureux, un étroit chemin,
Et n'être qu'un homme qui passe
Tenant son enfant par la main!

Maintenant je veux qu'on me laisse!
J'ai fini! le sort est vainqueur.
Que vient-on rallumer sans cesse
Dans l'ombre qui m'emplit le cœur?

Vous qui me parlez, vous me dites
Qu'il faut, rappelant ma raison,
Guider les foules décrépites
Vers les lueurs de l'horizon;

Qu'à l'heure où les peuples se lèvent
Tout penseur suit un but profond;
Qu'il se doit à tous ceux qui rêvent,
Qu'il se doit à tous ceux qui vont!

Qu'une âme qu'un feu pur anime
Doit hâter, avec sa clarté,
L'épanouissement sublime
De la future humanité;

Qu'il faut prendre part, cœurs fidèles,
Sans redouter les océans,
Aux fêtes des choses nouvelles,
Aux combats des esprits géants!

Vous voyez des pleurs sur ma joue,
Et vous m'abordez mécontents,
Comme par le bras on secoue
Un homme qui dort trop longtemps.

Mais songez à ce que vous faites!
Hélas! cet ange au front si beau,
Quand vous m'appelez à vos fêtes,
Peut-être a froid dans son tombeau.

Peut-être, livide et pâlie,
Dit-elle dans son lit étroit :
« Est-ce que mon père m'oublie
» Et n'est plus là, que j'ai si froid? »

Quoi! lorsqu'à peine je résiste
Aux choses dont je me souviens,
Quand je suis brisé, las et triste,
Quand je l'entends qui me dit : « Viens! »

Quoi! vous voulez que je souhaite,
Moi, plié par un coup soudain,
La rumeur qui suit le poëte,
Le bruit que fait le paladin!

Vous voulez que j'aspire encore
Aux triomphes doux et dorés!
Que j'annonce aux dormeurs l'aurore!
Que je crie : « Allez! espérez! »

Vous voulez que, dans la mêlée,
Je rentre ardent parmi les forts,
Les yeux à la voûte étoilée... —
Oh ! l'herbe épaisse où sont les morts !

Novembre 1846.

IV

Oh! je fus comme fou dans le premier moment,
Hélas! et je pleurai trois jours amèrement.
Vous tous à qui Dieu prit votre chère espérance,
Pères, mères, dont l'âme a souffert ma souffrance,
Tout ce que j'éprouvais, l'avez-vous éprouvé?
Je voulais me briser le front sur le pavé !
Puis je me révoltais, et, par moments, terrible,
Je fixais mes regards sur cette chose horrible,
Et je n'y croyais pas, et je m'écriais : Non!
— Est-ce que Dieu permet de ces malheurs sans nom

Qui font que dans le cœur le désespoir se lève? —
Il me semblait que tout n'était qu'un affreux rêve,
Qu'elle ne pouvait pas m'avoir ainsi quitté,
Que je l'entendais rire en la chambre à côté,
Que c'était impossible enfin qu'elle fût morte,
Et que j'allais la voir entrer par cette porte!

Oh! que de fois j'ai dit : Silence! elle a parlé!
Tenez! voici le bruit de sa main sur la clé!
Attendez! elle vient! laissez-moi, que j'écoute!
Car elle est quelque part dans la maison sans doute!

Jersey, Marine-Terrace, 4 septembre 1852.

V

Elle avait pris ce pli dans son âge enfantin
De venir dans ma chambre un peu chaque matin ;
Je l'attendais ainsi qu'un rayon qu'on espère ;
Elle entrait et disait : « Bonjours, mon petit père ; »
Prenait ma plume, ouvrait mes livres, s'asseyait
Sur mon lit, dérangeait mes papiers, et riait,
Puis soudain s'en allait comme un oiseau qui passe.
Alors, je reprenais, la tête un peu moins lasse,
Mon œuvre interrompue, et, tout en écrivant,
Parmi mes manuscrits je rencontrais souvent

Quelque arabesque folle et qu'elle avait tracée,
Et mainte page blanche entre ses mains froissée,
Où, je ne sais comment, venaient mes plus doux vers.
Elle aimait Dieu, les fleurs, les astres, les prés verts,
Et c'était un esprit avant d'être une femme.
Son regard reflétait la clarté de son âme.
Elle me consultait sur tout à tous moments.
Oh! que de soirs d'hiver radieux et charmants,
Passés à raisonner langue, histoire et grammaire,
Mes quatre enfants groupés sur mes genoux, leur mère
Tout près, quelques amis causant au coin du feu!
J'appelais cette vie être content de peu!
Et dire qu'elle est morte! hélas! que Dieu m'assiste!
Je n'étais jamais gai quand je la sentais triste;
J'étais morne au milieu du bal le plus joyeux
Si j'avais, en partant, vu quelque ombre en ses yeux.

Novembre 1846, jour des Morts.

VI

Quand nous habitions tous ensemble
Sur nos collines d'autrefois,
Où l'eau court, où le buisson tremble,
Dans la maison qui touche aux bois,

Elle avait dix ans, et moi trente ;
J'étais pour elle l'univers.
Oh! comme l'herbe est odorante
Sous les arbres profonds et verts !

Elle faisait mon sort prospère,
Mon travail léger, mon ciel bleu.
Lorsqu'elle me disait : Mon père,
Tout mon cœur s'écriait : Mon Dieu !

A travers mes songes sans nombre,
J'écoutais son parler joyeux,
Et mon front s'éclairait dans l'ombre
A la lumière de ses yeux.

Elle avait l'air d'une princesse
Quand je la tenais par la main ;
Elle cherchait des fleurs sans cesse
Et des pauvres dans le chemin.

Elle donnait comme on dérobe,
En se cachant aux yeux de tous.
Oh ! la belle petite robe
Qu'elle avait ! vous rappelez-vous ?

Le soir, auprès de ma bougie,
Elle jasait à petit bruit,
Tandis qu'à la vitre rougie
Heurtaient les papillons de nuit.

Elle cherchait des fleurs sans cesse
Et des pauvres dans le chemin.

Les anges se miraient en elle.
Que son bonjour était charmant !
Le ciel mettait dans sa prunelle
Ce regard qui jamais ne ment.

Oh ! je l'avais si jeune encore,
Vue apparaître en mon destin !
C'était l'enfant de mon aurore,
Et mon étoile du matin !

Quand la lune claire et sereine
Brillait aux cieux, dans ces beaux mois,
Comme nous allions dans la plaine !
Comme nous courions dans les bois !

Puis, vers la lumière isolée
Étoilant le logis obscur,
Nous revenions par la vallée
En tournant le coin du vieux mur ;

Nous revenions, cœurs pleins de flamme,
En parlant des splendeurs du ciel.
Je composais cette jeune âme
Comme l'abeille fait son miel.

Doux ange aux candides pensées,
Elle était gaie en arrivant... —
Toutes ces choses sont passées
Comme l'ombre et comme le vent!

Villequier, 4 septembre 1844.

VII

Elle était pâle, et pourtant rose,
Petite avec de grands cheveux.
Elle disait souvent : Je n'ose,
Et ne disait jamais : Je veux.

Le soir, elle prenait ma Bible
Pour y faire épeler sa sœur,
Et, comme une lampe paisible,
Elle éclairait ce jeune cœur.

Sur le saint livre que j'admire
Leurs yeux purs venaient se fixer ;
Livre où l'une apprenait à lire,
Où l'autre apprenait à penser !

Sur l'enfant, qui n'eût pas lu seule,
Elle penchait son front charmant,
Et l'on aurait dit une aïeule
Tant elle parlait doucement !

Elle lui disait : « Sois bien sage ! »
Sans jamais nommer le démon ;
Leurs mains erraient de page en page
Sur Moïse et sur Salomon,

Sur Cyrus qui vint de la Perse,
Sur Moloch et Leviathan,
Sur l'enfer que Jésus traverse,
Sur l'Éden où rampe Satan !

Moi, j'écoutais... — O joie immense
De voir la sœur près de la sœur !
Mes yeux s'enivraient en silence
De cette ineffable douceur.

Et dans la chambre humble et déserte
Où nous sentions, cachés tous trois,
Entrer par la fenêtre ouverte
Les souffles des nuits et des bois,

Tandis que, dans le texte auguste,
Leurs cœurs, lisant avec ferveur,
Puisaient le beau, le vrai, le juste,
Il me semblait, à moi, rêveur,

Entendre chanter des louanges
Autour de nous, comme au saint lieu,
Et voir sous les doigts de ces anges
Tressaillir le livre de Dieu !

Octobre 1846.

VIII

A qui donc sommes-nous? Qui nous a? qui nous mène?
Vautour fatalité, tiens-tu la race humaine?
      Oh! parlez, cieux vermeils,
L'âme sans fond tient-elle aux étoiles sans nombre?
Chaque rayon d'en haut est-il un fil de l'ombre
      Liant l'homme aux soleils!

Est-ce qu'en nos esprits, que l'ombre a pour repaires,
Nous allons voir rentrer les songes de nos pères?

Destin, lugubre assaut!
O vivants, serions-nous l'objet d'une dispute?
L'un veut-il notre gloire, et l'autre notre chute?
Combien sont-ils là-haut?

Jadis, au fond du ciel, aux yeux du mage sombre,
Deux joueurs effrayants apparaissaient dans l'ombre.
Qui craindre? qui prier?
Les Manès frissonnants, les pâles Zoroastres,
Voyaient deux grandes mains qui déplaçaient les astres
Sur le noir échiquier.

Songe horrible! le bien, le mal, de cette voûte
Pendent-ils sur nos fronts? Dieu, tire-moi du doute!
O sphinx, dis-moi le mot!
Cet affreux rêve pèse à nos yeux qui sommeillent,
Noirs vivants! heureux ceux qui tout à coup s'éveillent
Et meurent en sursaut!

Villequier, 4 septembre 1845.

IX

O souvenirs! printemps! aurore!
Doux rayon triste et réchauffant!
— Lorsqu'elle était petite encore,
Que sa sœur était tout enfant... —

Connaissez-vous sur la colline
Qui joint Montlignon à Saint-Leu,
Une terrasse qui s'incline
Entre un bois sombre et le ciel bleu?

C'est là que nous vivions. — Pénètre,
Mon cœur, dans ce passé charmant !
Je l'entendais sous ma fenêtre
Jouer le matin doucement.

Elle courait dans la rosée,
Sans bruit, de peur de m'éveiller ;
Moi, je n'ouvrais pas ma croisée,
De peur de la faire envoler.

Ses frères riaient... — Aube pure !
Tout chantait sous ces frais berceaux,
Ma famille avec la nature,
Mes enfants avec les oiseaux !

Je toussais, on devenait brave ;
Elle montait à petits pas,
Et me disait d'un air très-grave :
« J'ai laissé les enfants en bas. »

Qu'elle fut bien ou mal coiffée,
Que mon cœur fût triste ou joyeux,
Je l'admirais. C'était ma fée,
Et le doux astre de mes yeux !

Nos jouions toute la journée.
O jeux charmants! chers entretiens!
Le soir, comme elle était l'aînée,
Elle me disait : « Père, viens!

» Nous allons t'apporter ta chaise,
» Conte-nous une histoire, dis ! » —
Et je voyais rayonner d'aise
Tous ces regards du paradis.

Alors, prodiguant les carnages,
J'inventais un conte profond
Dont je trouvais les personnages
Parmi les ombres du plafond.

Toujours ces quatre douces têtes
Riaient, comme à cet âge on rit,
De voir d'affreux géants très-bêtes
Vaincus par des nains pleins d'esprit.

J'étais l'Arioste et l'Homère
D'un poëme éclos d'un seul jet ;
Pendant que je parlais, leur mère
Les regardait rire, et songeait.

Leur aïeul, qui lisait dans l'ombre,
Sur eux parfois levait les yeux,
Et moi, par la fenêtre sombre,
J'entrevoyais un coin des cieux !

Villequier, 4 septembre 1846.

X

Pendant que le marin, qui calcule et qui doute,
Demande son chemin aux constellations ;
Pendant que le berger, l'œil plein de visions,
Cherche au milieu des bois son étoile et sa route ;
Pendant que l'astronome, inondé de rayons,

Pèse un globe à travers des millions de lieues,
Moi, je cherche autre chose en ce ciel vaste et pur.
Mais que ce saphir sombre est un abîme obscur !
On ne peut distinguer, la nuit, les robes bleues
Des anges frissonnants qui glissent dans l'azur.

Avril 1847.

XI

On vit, on parle, on a le ciel et les nuages
Sur la tête; on se plaît aux livres des vieux sages;
On lit Virgile et Dante; on va joyeusement
En voiture publique à quelque endroit charmant,
En riant aux éclats de l'auberge et du gîte;
Le regard d'une femme en passant vous agite;
On aime, on est aimé, bonheur qui manque aux rois!
On écoute le chant des oiseaux dans les bois;
Le matin, on s'éveille, et toute une famille
Vous embrasse, une mère, une sœur, une fille!

On déjeune en lisant son journal. Tout le jour
On mêle à sa pensée espoir, travail, amour;
La vie arrive avec ses passions troublées;
On jette sa parole aux sombres assemblées;
Devant le but qu'on veut et le sort qui vous prend,
On se sent faible et fort, on est petit et grand;
On est flot dans la foule, âme dans la tempête;
Tout vient et passe; on est en deuil, on est en fête;
On arrive, on recule, on lutte avec effort... —
Puis, le vaste et profond silence de la mort!

11 juillet 1846, en revenant du cimetière.

XII

A QUOI SONGEAIENT
LES DEUX CAVALIERS
DANS LA FORÊT

La nuit était fort noire et la forêt très-sombre.
Hermann à mes côtés me paraissait une ombre.
Nos chevaux galopaient. A la garde de Dieu!
Les nuages du ciel ressemblaient à des marbres.
Les étoiles volaient dans les branches des arbres
    Comme un essaim d'oiseaux de feu.

Je suis plein de regrets. Brisé par la souffrance,
L'esprit profond d'Hermann est vide d'espérance.
Je suis plein de regrets. O mes amours, dormez !
Or, tout en traversant ces solitudes vertes,
Hermann me dit : « Je songe aux tombes entr'ouvertes; »
Et je lui dis : « Je pense aux tombeaux refermés. »

Lui regarde en avant : je regarde en arrière.
Nos chevaux galopaient à travers la clairière ;
Le vent nous apportait de lointains angelus ;
Il dit : « Je songe à ceux que l'existence afflige,
» A ceux qui sont, à ceux qui vivent. — Moi, lui dis-je,
Je pense à ceux qui ne sont plus ! »

Les fontaines chantaient. Que disaient les fontaines ?
Les chênes murmuraient. Que murmuraient les chênes ?
Les buissons chuchotaient comme d'anciens amis.
Hermann me dit : Jamais les vivants ne sommeillent
» En ce moment, des yeux pleurent, d'autres yeux veillent. »
Et je lui dis : « Hélas ! d'autres sont endormis ! »

Hermann reprit alors : « Le malheur, c'est la vie ;
» Les morts ne souffrent plus. Ils sont heureux ! j'envie
» Leur fosse où l'herbe pousse, où s'effeuillent les bois.

» Car la nuit les caresse avec ses douces flammes;
» Car le ciel rayonnant calme toutes les âmes
    » Dans tous les tombeaux à la fois! »

Et je lui dis : « Tais-toi! respect au noir mystère!
» Les morts gisent couchés sous nos pieds dans la terre!
» Les morts, ce sont les cœurs qui t'aimaient autrefois.
» C'est ton ange expiré! c'est ton père et ta mère!
» Ne les attristons point par l'ironie amère.
» Comme à travers un rêve ils entendent nos voix. »

                Octobre 1853.

XIII

VENI, VIDI, VIXI

J'ai bien assez vécu, puisque dans mes douleurs
Je marche, sans trouver de bras qui me secourent,
Puisque je ris à peine aux enfants qui m'entourent,
Puisque je ne suis plus réjoui par les fleurs;

Puisqu'au printemps, quand Dieu met la nature en fête,
J'assiste, esprit sans joie, à ce splendide amour;
Puisque je suis à l'heure où l'homme fuit le jour,
Hélas! et sent de tout la tristesse secrète;

Puisque l'espoir serein dans mon âme est vaincu ;
Puisqu'en cette saison des parfums et des roses,
O ma fille ! j'aspire à l'ombre où tu reposes,
Puisque mon cœur est mort, j'ai bien assez vécu.

Je n'ai pas refusé ma tâche sur la terre.
Mon sillon ? Le voilà. Ma gerbe ? La voici.
J'ai vécu souriant, toujours plus adouci,
Debout, mais incliné du côté du mystère.

J'ai fait ce que j'ai pu ; j'ai servi, j'ai veillé,
Et j'ai vu bien souvent qu'on riait de ma peine.
Je me suis étonné d'être un objet de haine,
Ayant beaucoup souffert et beaucoup travaillé.

Dans ce bagne terrestre où ne s'ouvre aucune aile,
Sans me plaindre, saignant, et tombant sur les mains,
Morne, épuisé, raillé par les forçats humains,
J'ai porté mon chaînon de la chaîne éternelle.

Maintenant mon regard ne s'ouvre qu'à demi ;
Je ne me tourne plus même quand on me nomme ;
Je suis plein de stupeur et d'ennui, comme un homme
Qui se lève avant l'aube et qui n'a pas dormi.

Je ne daigne plus même, en ma sombre paresse,
Répondre à l'envieux dont la bouche me nuit.
O Seigneur! ouvrez-moi les portes de la nuit,
Afin que je m'en aille et que je disparaisse!

Avril 1848.

XIV

Demain, dès l'aube, à l'heure où blanchit la campagne,
Je partirai. Vois-tu, je sais que tu m'attends.
J'irai par la forêt, j'irai par la montagne.
Je ne puis demeurer loin de toi plus longtemps.

Je marcherai, les yeux fixés sur mes pensées,
Sans rien voir au dehors, sans entendre aucun bruit,

Seul, inconnu, le dos courbé, les mains croisées,
Triste, et le jour pour moi sera comme la nuit.

Je ne regarderai ni l'or du soir qui tombe,
Ni les voiles au loin descendant vers Harfleur,
Et, quand j'arriverai, je mettrai sur ta tombe
Un bouquet de houx vert et de bruyère en fleur.

3 septembre 1847.

XV

A VILLEQUIER

Maintenant que Paris, ses pavés et ses marbres,
Et sa brume, et ses toits, sont bien loin de mes yeux;
Maintenant que je suis sous les branches des arbres,
Et que je puis songer à la beauté des cieux;

Maintenant que du deuil qui m'a fait l'âme obscure
      Je sors, pâle et vainqueur,
Et que je sens la paix de la grande nature
      Qui m'entre dans le cœur;

Maintenant que je puis, assis au bord des ondes,
Ému par ce superbe et tranquille horizon,
Examiner en moi les vérités profondes
Et regarder les fleurs qui sont dans le gazon;

Maintenant, ô mon Dieu! que j'ai ce calme sombre
     De pouvoir désormais
Voir de mes yeux la pierre où je sais que dans l'ombre
     Elle dort pour jamais;

Maintenant qu'attendri par ces divins spectacles,
Plaines, forêts, rochers, vallons, fleuve argenté,
Voyant ma petitesse et voyant vos miracles,
Je reprends ma raison devant l'immensité;

Je viens à vous, Seigneur! père auquel il faut croire;
     Je vous apporte, apaisé,
Les morceaux de ce cœur tout plein de votre gloire
     Que vous avez brisé;

Je viens à vous, Seigneur, confessant que vous êtes
Bon, clément, indulgent et doux, ô Dieu vivant!
Je conviens que vous seul savez ce que vous faites,
Et que l'homme n'est rien qu'un jonc qui tremble au vent;

Je dis que le tombeau qui sur les morts se ferme
    Ouvre le firmament;
Et que ce qu'ici-bas nous prenons pour le terme
    Est le commencement;

Je conviens à genoux que vous seul, Père auguste,
Possédez l'infini, le réel, l'absolu ;
Je conviens qu'il est bon, je conviens qu'il est juste
Que mon cœur ait saigné, puisque Dieu l'a voulu !

Je ne résiste plus à tout ce qui m'arrive
    Par votre volonté.
L'âme de deuils en deuils, l'homme de rive en rive,
    Roule à l'éternité.

Nous ne voyons jamais qu'un seul côté des choses;
L'autre plonge en la nuit d'un mystère effrayant.
L'homme subit le joug sans connaître les causes.
Tout ce qu'il voit est court, inutile et fuyant...

Vous faites revenir toujours la solitude
    Autour de tous ses pas.
Vous n'avez pas voulu qu'il eût la certitude
    Ni la joie ici-bas !

Dès qu'il possède un bien, le sort le lui retire.
Rien ne lui fut donné, dans ses rapides jours,
Pour qu'il s'en puisse faire une demeure, et dire :
C'est ici ma maison, mon champ et mes amours !

Il doit voir peu de temps tout ce que ses yeux voient;
    Il vieillit sans soutiens.
Puisque ces choses sont, c'est qu'il faut qu'elles soient;
    J'en conviens, j'en conviens !

Le monde est sombre, ô Dieu ! l'immuable harmonie
Se compose des pleurs aussi bien que des chants;
L'homme n'est qu'un atome en cette ombre infinie,
Nuit où montent les bons, où tombent les méchants.

Je sais que vous avez bien autre chose à faire
    Que de nous plaindre tous,
Et qu'un enfant qui meurt, désespoir de sa mère,
    Ne vous fait rien, à vous !

Je sais que le fruit tombe au vent qui le secoue;
Que l'oiseau perd sa plume et la fleur son parfum;
Que la création est une grande roue
Qui ne peut se mouvoir sans écraser quelqu'un !

Les mois, les jours, les flots des mers, les yeux qui pleurent,
    Passent sous le ciel bleu;
Il faut que l'herbe pousse et que les enfants meurent;
    Je le sais, ô mon Dieu!

Dans vos cieux, au delà de la sphère des nues,
Au fond de cet azur immobile et dormant,
Peut-être faites-vous des choses inconnues
Où la douleur de l'homme entre comme élément.

Peut-être est-il utile à vos desseins sans nombre
    Que des êtres charmants
S'en aillent, emportés par le tourbillon sombre
    Des noirs événements.

Nos destins ténébreux vont sous des lois immenses
Que rien ne déconcerte et que rien n'attendrit.
Vous ne pouvez avoir de subites clémences
Qui dérangent le monde, ô Dieu, tranquille esprit!

Je vous supplie, ô Dieu! de regarder mon âme,
    Et de considérer
Qu'humble comme un enfant et doux comme une femme,
    Je viens vous adorer!

Considérez encor que j'avais, dès l'aurore,
Travaillé, combattu, pensé, marché, lutté,
Expliquant la nature à l'homme qui l'ignore,
Éclairant toute chose avec votre clarté;

Que j'avais, affrontant la haine et la colère,
    Fait ma tâche ici-bas,
Que je ne pouvais pas m'attendre à ce salaire,
    Que je ne pouvais pas

Prévoir que, vous aussi, sur ma tête qui ploie,
Vous appesantiriez votre bras triomphant,
Et que, vous qui voyiez comme j'ai peu de joie,
Vous me reprendriez si vite mon enfant!

Qu'une âme ainsi frappée à se plaindre est sujette,
    Que j'ai pu blasphémer,
Et vous jeter mes cris comme un enfant qui jette
    Une pierre à la mer!

Considérez qu'on doute, ô mon Dieu! quand on souffre,
Que l'œil qui pleure trop finit par s'aveugler;
Qu'un être que son deuil plonge au plus noir du gouffre,
Quand il ne vous voit plus, ne peut vous contempler,

Et qu'il ne se peut pas que l'homme, lorsqu'il sombre
  Dans les afflictions,
Ait présente à l'esprit la sérénité sombre
  Des constellations !

Aujourd'hui, moi qui fus faible comme une mère,
Je me courbe à vos pieds devant vos cieux ouverts.
Je me sens éclairé dans ma douleur amère
Par un meilleur regard jeté sur l'univers.

Seigneur, je reconnais que l'homme est en délire
  S'il ose murmurer ;
Je cesse d'accuser, je cesse de maudire,
  Mais laissez-moi pleurer !

Hélas ! laissez les pleurs couler de ma paupière,
Puisque vous avez fait les hommes pour cela !
Laissez-moi me pencher sur cette froide pierre
Et dire à mon enfant : Sens-tu que je suis là ?

Laissez-moi lui parler, incliné sur ses restes,
  Le soir, quand tout se tait,
Comme si, dans sa nuit rouvrant ses yeux célestes,
  Cet ange m'écoutait !

Hélas ! vers le passé tournant un œil d'envie,
Sans que rien ici-bas puisse m'en consoler,
Je regarde toujours ce moment de ma vie
Où je l'ai vue ouvrir son aile et s'envoler !

Je verrai cet instant jusqu'à ce que je meure,
    L'instant, pleurs superflus !
Où je criai : L'enfant que j'avais tout à l'heure,
    Quoi donc ! je ne l'ai plus !

Ne vous irritez pas que je sois de la sorte,
O mon Dieu ! cette plaie a si longtemps saigné !
L'angoisse dans mon âme est toujours la plus forte,
Et mon cœur est soumis, mais n'est pas résigné.

Ne vous irritez pas ! fronts que le deuil réclame,
    Mortels sujets aux pleurs,
Il nous est malaisé de retirer notre âme
    De ces grandes douleurs.

Voyez-vous, nos enfants nous sont bien nécessaires,
Seigneur ; quand on a vu dans sa vie, un matin,
Au milieu des ennuis, des peines, des misères,
Et de l'ombre que fait sur nous notre destin,

Apparaître un enfant, tête chère et sacrée,
    Petit être joyeux,
Si beau, qu'on a cru voir s'ouvrir à son entrée
    Une porte des cieux;

Quand on a vu, seize ans, de cet autre soi-mêm
Croître la grâce aimable et la douce raison,
Lorsqu'on a reconnu que cet enfant qu'on aime
Fait le jour dans notre âme et dans notre maison,

Que c'est la seule joie ici-bas qui persiste
    De tout ce qu'on rêva,
Considérez que c'est une chose bien triste
    De le voir qui s'en va !

        Villequier, 4 septembre 1847.

XVI

MORS

Je vis cette faucheuse. Elle était dans son champ,
Elle allait à grands pas moissonnant et fauchant,
Noir squelette laissant passer le crépuscule.
Dans l'ombre où l'on dirait que tout tremble et recule,
L'homme suivait des yeux les lueurs de la faux.
Et les triomphateurs sous les arcs triomphaux
Tombaient; elle changeait en désert Babylone,
Le trône en échafaud et l'échafaud en trône,
Les roses en fumier, les enfants en oiseaux,
L'or en cendre, et les yeux des mères en ruisseaux.

Et les femmes criaient : — Rends-nous ce petit être.
Pour le faire mourir, pourquoi l'avoir fait naître? —
Ce n'était qu'un sanglot sur terre, en haut, en bas;
Des mains aux doigts osseux sortaient des noirs grabats;
Un vent froid bruissait dans les linceuls sans nombre;
Les peuples éperdus semblaient sous la faux sombre
Un troupeau frissonnant qui dans l'ombre s'enfuit;
Tout était sous ses pieds deuil, épouvante et nuit.
Derrière elle, le front baigné de douces flammes,
Un ange souriant portait la gerbe d'âmes.

Mars 1854.

XVII

CHARLES VACQUERIE

—

Il ne sera pas dit que ce jeune homme, ô deuil !
Se sera de ses mains ouvert l'affreux cercueil
    Où séjourne l'ombre abhorrée,
Hélas ! et qu'il aura lui-même dans la mort
De ses jours généreux, encor pleins jusqu'au bord,
    Renversé la coupe dorée,

Et que sa mère, pâle et perdant la raison,
Aura vu rapporter au seuil de sa maison,
    Sous un suaire aux plis funèbres,
Ce fils naguère encor pareil au jour qui naît,
Maintenant blême et froid, tel que la mort venait
    De le faire pour les ténèbres;

Il ne sera pas dit qu'il sera mort ainsi,
Qu'il aura, cœur profond et par l'amour saisi,
    Donné sa vie à ma colombe,
Et qu'il l'aura suivie au lieu morne et voilé,
Sans que la voix du père à genoux ait parlé
    A cette âme dans cette tombe!

En présence de tant d'amour et de vertu,
Il ne sera pas dit que je me serai tu,
    Moi qu'attendent les maux sans nombre!
Que je n'aurai point mis sur sa bière un flambeau,
Et que je n'aurai pas devant son noir tombeau
    Fait asseoir une strophe sombre!

N'ayant pu la sauver, il a voulu mourir.
Sois béni, toi qui, jeune, à l'âge où vient s'offrir
    L'espérance joyeuse encore,

Pouvant rester, survivre, épuiser les printemps,
Ayant devant les yeux l'azur de tes vingts ans
    Et le sourire de l'aurore.

A tout ce que promet la jeunesse, aux plaisirs,
Aux nouvelles amours, aux oublieux désirs
    Par qui toute peine est bannie,
A l'avenir, trésor des jours à peine éclos,
A la vie, au soleil, préféras sous les flots
    L'étreinte de cette agonie!

Oh! quelle sombre joie à cet être charmant
De se voir embrassée, au suprême moment,
    Par ton doux désespoir fidèle!
La pauvre âme a souri dans l'angoisse, en sentant
A travers l'eau sinistre et l'effroyable instant
    Que tu t'en venais avec elle!

Leurs âmes se parlaient sous les vagues rumeurs.
— Que fais-tu? disait-elle. — Et lui disait : — Tu meurs;
    Il faut bien aussi que je meure! —
Et, les bras enlacés, doux couple frissonnant,
Ils se sont en allés dans l'ombre; et maintenant
    On entend le fleuve qui pleure.

Puisque tu fus si grand, puisque tu fus si doux
Que de vouloir mourir, jeune homme, amant, époux,
    Qu'à jamais l'aube en ta nuit brille !
Aie à jamais sur toi l'ombre de Dieu penché !
Sois béni sous la pierre où te voilà couché !
    Dors, mon fils, auprès de ma fille !

Sois béni ! que la brise et que l'oiseau des bois,
Passants mystérieux, de leur plus douce voix
    Te parlent dans ta maison sombre !
Que la source te pleure avec sa goutte d'eau !
Que le frais liseron se glisse en ton tombeau
    Comme une caresse de l'ombre !

Oh ! s'immoler, sortir avec l'ange qui sort,
Suivre ce qu'on aima dans l'horreur de la mort,
    Dans le sépulcre ou sur les claies,
Donner ses jours, son sang et ses illusions !... —
Jésus baise en pleurant ces saintes actions
    Avec les lèvres de ses plaies.

Rien n'égale ici-bas, rien n'atteint sous les cieux
Ces héros, doucement saignants et radieux,
    Amour, qui n'ont que toi pour règle ;
Le génie à l'œil fixe, au vaste élan vainqueur,
Lui-même est dépassé par ces essors du cœur ;
    L'ange vole plus haut que l'aigle.

Dors! — O mes douloureux et sombres bien-aimés!
Dormez le chaste hymen du sépulcre! dormez!
   Dormez au bruit du flot qui gronde,
Tandis que l'homme souffre, et que le vent lointain
Chasse les noirs vivants à travers le destin,
   Et les marins à travers l'onde!

Ou plutôt, car la mort n'est pas un lourd sommeil,
Envolez-vous tous deux dans l'abîme vermeil,
   Dans les profonds gouffres de joie,
Où le juste qui meurt semble un soleil levant,
Où la morte au front pâle est comme un lis vivant,
   Où l'ange frissonnant flamboie!

Fuyez, mes doux oiseaux! évadez-vous tous deux
Loin de notre nuit froide et loin du mal hideux!
   Franchissez l'éther d'un coup d'aile!
Volez loin de ce monde, âpre hiver sans clarté,
Vers cette radieuse et bleue éternité,
   Dont l'âme humaine est l'hirondelle!

O chers êtres absents! on ne vous verra plus
Marcher au vert penchant des coteaux chevelus,
   Disant tout bas de douces choses!
Dans le mois des chansons, des nids et des lilas,
Vous n'irez plus semant des sourires, hélas!
   Vous n'irez plus cueillant des roses!

On ne vous verra plus, dans ces sentiers joyeux,
Errer, et, comme si vous évitiez les yeux
    De l'horizon vaste et superbe,
Chercher l'obscur asile et le taillis profond
Où passent des rayons qui tremblent et qui font
    Des taches de soleil sur l'herbe!

Villequier, Caudebec, et tous ces frais vallons,
Ne vous entendront plus vous écrier : « Allons,
    » Le vent est bon, la Seine est belle! »
Comme ces lieux charmants vont être pleins d'ennui
Les hardis goëlands ne diront plus : C'est lui!
    Les fleurs ne diront plus : C'est elle!

Dieu, qui ferme la vie et rouvre l'idéal,
Fait flotter à jamais votre lit nuptial
    Sous le grand dôme aux clairs pilastres;
En vous prenant la terre, il vous prit les douleurs;
Ce père souriant, pour les champs pleins de fleurs,
    Vous donne les cieux remplis d'astres!

Allez des esprits purs accroître la tribu.
De cette coupe amère où vous n'avez pas bu,
    Hélas! nous viderons le reste.
Pendant que nous pleurons, de sanglots abreuvés,
Vous, heureux, enivrés de vous-mêmes, vivez
    Dans l'éblouissement céleste!

Vivez! aimez! ayez les bonheurs infinis.
Oh! les anges pensifs, bénissant et bénis,
    Savent seuls, sous les sacrés voiles,
Ce qu'il entre d'extase, et d'ombre, et de ciel bleu,
Dans l'éternel baiser de deux âmes que Dieu
    Tout à coup change en deux étoiles!

Jersey, 4 septembre 1852.

LIVRE CINQUIÈME

—

EN MARCHE

I

A AUG. V.

—

Et toi, son frère, sois le frère de mes fils,
   r fier, qui du destin relèves les défis,
  uis à côté de moi la voie inexorable.
Que ta mère au front gris soit ma sœur vénérable !
Ton frère dort couché dans le sépulcre noir ;
Nous, dans la nuit du sort, dans l'ombre du devoir,
Marchons à la clarté qui sort de cette pierre.
Qu'il dorme, voyant l'aube à travers sa paupière !
Un jour, quand on lira nos temps mystérieux,
Les songeurs attendris promèneront leurs yeux

De toi, le dévouement, à lui, le sacrifice.
Nous habitons du sphinx le lugubre édifice ;
Nous sommes, cœurs liés au morne piédestal,
Tous la fatale énigme et tous le mot fatal.
Ah ! famille ! ah ! douleur ! ô sœur ! ô mère ! ô veuve !
O sombres lieux, qu'emplit le murmure du fleuve !
Chaste tombe jumelle au pied du coteau vert !
Poëte, quand mon sort s'est brusquement ouvert,
Tu n'as pas reculé devant les noires portes,
Et, sans pâlir, avec le flambeau que tu portes,
Tes chants, ton avenir que l'absence interrompt,
Et le frémissement lumineux de ton front,
Trouvant la chute belle et le malheur propice,
Calme, tu t'es jeté dans le grand précipice !
Hélas ! c'est par les deuils que nous nous enchaînons.
O frères, que vos noms soient mêlés à nos noms !
Dieu vous fait des rayons de toutes nos ténèbres,
Car vous êtes entrés sous nos voûtes funèbres ;
Car vous avez été tous deux vaillants et doux ;
Car vous avez tous deux, vous rapprochant de nous
A l'heure où vers nos fronts roulait le gouffre d'ombre,
Accepté notre sort dans ce qu'il a de sombre ;
Et suivi, dédaignant l'abîme et le péril,
Lui, la fille au tombeau, toi, le père à l'exil !

Jersey, Marine-Terrace, 4 septembre 1852.

II

AU FILS D'UN POËTE

—

Enfant, laisse aux mers inquiètes
Le naufragé, tribun ou roi ;
Laisse s'en aller les poëtes !
La poésie est près de toi.

Elle t'échauffe, elle t'inspire,
O cher enfant, doux alcyon,

Car ta mère en est le sourire,
Et ton père en est le rayon.

Les yeux en pleurs, tu me demandes
Où je vais, et pourquoi je pars.
Je n'en sais rien ; les mers sont grandes ;
L'exil s'ouvre de toutes parts.

Ce que Dieu nous donne, il nous l'ôte :
Adieu, patrie ! adieu, Sion !
Le proscrit n'est pas même un hôte,
Enfant, c'est une vision.

Il entre, il s'assied, puis se lève,
Reprend son bâton et s'en va.
Sa vie erre de grève en grève
Sous le souffle de Jéhovah !

Il fuit sur les vagues profondes,
Sans repos, toujours en avant.
Qu'importe ce qu'en font les ondes !
Qu'importe ce qu'en fait le vent !

Garde, enfant, dans ta jeune tête
Ce souvenir mystérieux,

Tu l'as vu dans une tempête
Passer comme l'éclair des cieux.

Son âme aux chocs habituée
Traversait l'orage et le bruit.
D'où sortait-il? De la nuée.
Où s'enfonçait-il? Dans la nuit.

Bruxelles, juillet 1852.

III

ÉCRIT EN 1846

« ... Je vous ai vu enfant, monsieur, chez votre respectable mère, et nous sommes même un peu parents, je crois ; j'ai applaudi à vos premières odes, la *Vendée*, *Louis XVII*... Dès 1827, dans votre ode dite *A la colonne*, vous désertiez les saines doctrines, vous abjuriez la légitimité ; la faction libérale battait des mains à votre apostasie. J'en gémissais... Vous êtes aujourd'hui, monsieur, en démagogie pure, en plein jacobinisme. Votre discours d'anarchiste sur les affaires de Gallicio est plus digne du tréteau d'une Convention que de la tribune d'une Chambre des pairs. Vous en êtes à la Carmagnole... Vous vous perdez, je vous le dis. Quelle est donc votre ambition ? Depuis ces beaux jours de votre adolescence monarchique, qu'avez-vous fait ? où allez-vous !...

Le marquis du C. d'E... — *Lettre à Victor Hugo*. Paris, 1846.

I

Marquis, je m'en souviens, vous veniez chez ma mère.
Vous me faisiez parfois réciter ma grammaire ;

Vous m'apportiez toujours quelque bonbon exquis ;
Et nous étions cousins quand on était marquis.
Vous étiez vieux, j'étais enfant ; contre vos jambes
Vous me preniez, et puis, entre deux dithyrambes
En l'honneur de Coblentz et des rois, vous contiez
Quelque histoire de loups, de peuples châtiés,
D'ogres, de jacobins, authentique et formelle,
Que j'avalais avec vos bonbons, pêle-mêle,
Et que je dévorais de fort bon appétit
Quand j'étais royaliste et quand j'étais petit.

J'étais un doux enfant, le grain d'un honnête homme.
Quand, plein d'illusions, crédule, simple, en somme,
Droit et pur, mes deux yeux sur l'idéal ouverts,
Je bégayais, songeur naïf, mes premiers vers,
Marquis, vous leur trouviez un arrière-goût fauve,
Les Grâces vous ayant nourri dans leur alcôve ;
Mais vous disiez : « Pas mal ! bien ! c'est quelqu'un qui naît ! »
Et, souvenir sacré ! ma mère rayonnait.

Je me rappelle encor de quel accent ma mère
Vous disait : « Bonjour. » Aube ! avril ! joie éphémère !
Où donc est ce sourire ? où donc est cette voix ?
Vous fuyez donc ainsi que les feuilles des bois,
O baisers d'une mère ! Aujourd'hui, mon front sombre,

Le même front, est là, pensif, avec de l'ombre,
Et les baisers de moins et les rides de plus!

Vous aviez de l'esprit, marquis. Flux et reflux,
Heur, malheur, vous avaient laissé l'âme assez nette;
Riche, pauvre, écuyer de Marie-Antoinette,
Émigré, vous aviez, dans ce temps incertain,
Bien supporté le chaud et le froid du destin.
Vous haïssiez Rousseau, mais vous aimiez Voltaire.
Pigault-Lebrun allait à votre goût austère,
Mais Diderot était digne du pilori.
Vous détestiez, c'est vrai, madame Dubarry,
Tout en divinisant Gabrielle d'Estrée.
Pas plus que Sévigné, la marquise lettrée,
Ne s'étonnait de voir, douce femme rêvant,
Blêmir au clair de lune et trembler dans le vent,
Aux arbres du chemin, parmi les feuilles jaunes,
Les paysans pendus par ce bon duc de Chaulnes,
Vous ne preniez souci des manants qu'on abat
Par la force, et du pauvre écrasé sous le bât.
Avant quatre-vingt-neuf, galant incendiaire,
Vous portiez votre épée en quart de civadière;
La poudre blanchissait votre dos de velours;
Vous marchiez sur le peuple à pas légers — et lourds.

Quoique les vieux abus n'eussent rien qui vous blesse,
Jeune, vous aviez eu, vous, toute la noblesse,

Montmorency, Choiseul, Noaille, esprits charmants,
Avec la royauté des querelles d'amants ;
Brouilles, roucoulements ; Bérénice avec Tite.
La Révolution vous plut toute petite ;
Vous emboîtiez le pas derrière Talleyrand ;
Le monstre vous sembla d'abord fort transparent,
Et vous l'aviez tenu sur les fonts de baptême.
Joyeux, vous aviez dit au nouveau-né : Je t'aime !
Ligue ou Fronde, remède au déficit, protêt,
Vous ne saviez pas trop au fond ce que c'était ;
Mais vous battiez des mains gaiement, quand la Fayette
Fit à Léviathan sa première layette.
Plus tard, la peur vous prit quand surgit le flambeau.
Vous vîtes la beauté du tigre Mirabeau.
Vous nous disiez, le soir, près du feu qui pétille,
Paris de sa poitrine arrachant la Bastille,
Le faubourg Saint-Antoine accourant en sabots,
Et ce grand peuple, ainsi qu'un spectre des tombeaux,
Sortant, tout effaré, de son antique opprobre,
Et le vingt juin, le dix août, le six octobre,
Et vous nous récitiez les quatrains que Boufflers
Mêlait en souriant à ces blêmes éclairs.

Car vous étiez de ceux qui, d'abord, ne comprirent
Ni le flot, ni la nuit, ni la France, et qui rirent ;
Qui prenaient tout cela pour des jeux innocents ;
Qui, dans l'amas plaintif des siècles rugissants
Et des hommes hagards, ne voyaient qu'une meute ;

Qui, légers, à la foule, à la faim, à l'émeute,
Donnaient à deviner l'énigme du salon ;
Et qui, quand le ciel noir s'emplissait d'aquilon,
Quand, accroupie au seuil du mystère insondable,
La Révolution se dressait formidable,
Sceptiques, sans voir l'ongle et l'œil fauve qui luit,
Distinguant mal sa face étrange dans la nuit,
Presque prêts à railler l'obscurité difforme,
Jouaient à la charade avec le sphinx énorme.

Vous nous disiez : « Quel deuil! les gueux, les mécontents,
» Ont fait rage ; on n'a pas su s'arrêter à temps.
» Une transaction eût tout sauvé peut-être.
» Ne peut-on être libre, et le roi rester maître ?
» Le peuple conservant le trône eût été grand. »
Puis vous deveniez triste et morne ; et, murmurant :
« Les plus sages n'ont pu sauver ce bon vieux trône.
» Tout est mort ; ces grands rois, ce Paris Babylone,
» Montespan et Marly, Maintenon et Saint-Cyr ! »
Vous pleuriez. — Eh! grand Dieu! pouvaient-ils réussir,
Ces hommes qui voulaient, combinant vingt régimes,
La loi qui nous froissa, l'abus dont nous rougîmes,
Vieux codes, vieilles mœurs, droit divin, nation,
Chausser de royauté la Révolution ?
La patte du lion creva cette pantoufle!

II

Puis vous m'avez perdu de vue; un vent qui souffle
Disperse nos destins, nos jours, notre raison,
Nos cœurs, aux quatre coins du livide horizon;
Chaque homme dans sa nuit s'en va vers sa lumière.
La seconde âme en nous se greffe à la première;
Toujours la même tige avec une autre fleur.
J'ai connu le combat, le labeur, la douleur,
Les faux amis, ces nœuds qui deviennent couleuvres;
J'ai porté deuils sur deuils; j'ai mis œuvres sur œuvres;
Vous ayant oublié, je ne le cache pas,
Marquis; soudain j'entends dans ma maison un pas,
C'est le vôtre, et j'entends une voix, c'est la vôtre,
Qui m'appelle apostat, moi qui me crus apôtre!
Oui, c'est bien vous; ayant peur jusqu'à la fureur,
Fronsac vieux, le marquis happé par la Terreur,
Haranguant à mi-corps dans l'hydre qui l'avale.
L'âge ayant entre nous conservé l'intervalle
Qui fait que l'homme reste enfant pour le vieillard,
Ne me voyant d'ailleurs qu'à travers un brouillard,
Vous criez, l'œil hagard et vous fâchant tout rouge :
« Ah çà! qu'est-ce que c'est que ce brigand? Il bouge! »

Et du poing, non du doigt, vous montrez vos aïeux ;
Et vous me rappelez ma mère, furieux.
— Je vous baise, ô pieds froids de ma mère endormie ! —
Et, vous exclamant : « Honte ! anarchie ! infamie !
» Siècle effroyable où nul ne veut se tenir coi ! »
Me demandant comment, me demandant pourquoi,
Remuant tous les morts qui gisent sous la pierre,
Citant Lambesc, Marat, Charette et Robespierre,
Vous me dites d'un ton qui n'a plus rien d'urbain :
« Ce gueux est libéral ! ce monstre est jacobin !
» Sa voix à des chansons de carrefour s'éraille.
» Pourquoi regardes-tu par-dessus la muraille ?
» Où vas-tu ? d'où viens-tu ? qui te rend si hardi ?
» Depuis qu'on ne t'a vu, qu'as-tu fait ? »

        J'ai grandi.

Quoi ! parce que je suis né dans un groupe d'hommes
Qui ne voyaient qu'enfers, Gomorrhes et Sodomes,
Hors des anciennes mœurs et des antiques lois ;
Quoi ! parce que ma mère, en Vendée autrefois,
Sauva dans un seul jour la vie à douze prêtres ;
Parce qu'enfant sorti de l'ombre des ancêtres,
Je n'ai su tout d'abord que ce qu'ils m'ont appris,
Qu'oiseau dans le passé comme en un filet pris,
Avant de m'échapper à travers le bocage,
J'ai dû laisser pousser mes plumes dans ma cage ;

Parce que j'ai pleuré, — j'en pleure encor, qui sait ? —
Sur ce pauvre petit nommé Louis Dix-sept;
Parce qu'adolescent, âme à faux jour guidée,
J'ai trop peu vu la France et trop vu la Vendée;
Parce que j'ai loué l'héroïsme breton,
Chouan et non Marceau, Stofflet et non Danton,
Que les grands paysans m'ont caché les grands hommes,
Et que j'ai fort mal lu, d'abord, l'ère où nous sommes,
Parce que j'ai vagi des chants de royauté,
Suis-je à toujours rivé dans l'imbécillité?
Dois-je crier : Arrière! à mon siècle; — à l'idée :
Non! — à la vérité : Va-t'en, dévergondée ! —
L'arbre doit-il pour moi n'être qu'un goupillon ?
Au sein de la nature, immense tourbillon,
Dois-je vivre, portant l'ignorance en écharpe,
Cloîtré dans Loriquet et muré dans Laharpe?
Dois-je exister sans être et regarder sans voir?
Et faut-il qu'à jamais pour moi, quand vient le soir,
Au lieu de s'étoiler le ciel se fleurdelise?

III

Car le roi masque Dieu même dans son église,
L'azur

IV

Écoutez-moi. J'ai vécu, j'ai songé.
La vie en larmes m'a doucement corrigé.
Vous teniez mon berceau dans vos mains, et vous fîtes
Ma pensée et ma tête en vos rêves confites.
Hélas! j'étais la roue, et vous étiez l'essieu.
Sur la vérité sainte, et la justice, et Dieu,
Sur toutes les clartés que la raison nous donne,
Par vous, par vos pareils, — et je vous le pardonne,
Marquis, — j'avais été tout de travers placé.
J'étais en porte-à-faux, je me suis redressé.
La pensée est le droit sévère de la vie.
Dieu prend par la main l'homme enfant, et le convie
A la classe qu'au fond des champs, au sein des bois,
Il fait dans l'ombre à tous les êtres à la fois.
J'ai pensé. J'ai rêvé près des flots, dans les herbes,
Et les premiers courroux de mes odes imberbes,
Sont d'eux-même en marchant tombés derrière moi.
La nature devient ma joie et mon effroi;
Oui, dans le même temps où vous faussiez ma lyre,
Marquis, je m'échappais et j'apprenais à lire
Dans cet hiéroglyphe énorme : l'univers.
Oui, j'allais feuilleter les champs tout grands ouverts :

Tout enfant, j'essayais d'épeler cette Bible
Où se mêle, éperdu, le charmant au terrible :
Livre écrit dans l'azur, sur l'onde et le chemin,
Avec la fleur, le vent, l'étoile, et qu'en sa main
Tient la création au regard de statue;
Prodigieux poëme où la foudre accentue
La nuit, où l'océan souligne l'infini.
Aux champs, entre les bras du grand chêne béni,
J'étais plus fort, j'étais plus doux, j'étais plus libre;
Je me mettais avec le monde en équilibre;
Je tâchais de savoir, tremblant, pâle, ébloui,
Si c'est Non que dit l'ombre à l'astre qui dit Oui;
Je cherchais à saisir le sens des phrases sombres
Qu'écrivaient sous mes yeux les formes et les nombres;
J'ai vu partout grandeur, vie, amour, liberté;
Et j'ai dit : — Texte : Dieu; contre-sens : royauté. —

La nature est un drame avec des personnages :
J'y vivais; j'écoutais, comme des témoignages,
L'oiseau, le lis, l'eau vive et la nuit qui tombait.
Puis je me suis penché sur l'homme, autre alphabet.

Le mal m'est apparu, puissant, joyeux, robuste,
Triomphant; je n'avais qu'une soif : être juste;
Comme on arrête un gueux volant sur le chemin,
Justicier indigné, j'ai pris le cœur humain

Au collet, et j'ai dit : Pourquoi le fiel, l'envie,
La haine? Et j'ai vidé les poches de la vie.
Je n'ai trouvé dedans que deuil, misère, ennui.
J'ai vu le loup, mangeant l'agneau, dire : il m'a nui!
Le vrai boitant; l'erreur haute de cent coudées;
Tous les cailloux jetés à toutes les idées.
Hélas! j'ai vu la nuit reine, et, de fer chargés,
Christ, Socrate, Jean Huss, Colomb; les préjugés
Sont pareils aux buissons que dans la solitude
On brise pour passer : toute la multitude
Se redresse et vous mord pendant qu'on en courbe un.
Ah! malheur à l'apôtre et malheur au tribun!
On avait eu bien soin de me cacher l'histoire;
J'ai lu, j'ai comparé l'aube avec la nuit noire
Et les quatre-vingt-treize aux Saint-Barthélemy;
Car ce quatre-vingt-treize où vous avez frémi,
Qui dut être, et que rien ne peut plus faire éclore,
C'est la lueur de sang qui se mêle à l'aurore.
Les révolutions, qui viennent tout venger,
Font un bien éternel dans leur mal passager.
Les révolutions ne sont que la formule
De l'horreur qui pendant vingt règnes s'accumule.
Quand la souffrance a pris de lugubres ampleurs;
Quand les maîtres longtemps ont fait, sur l'homme en pleurs,
Tourner le Bas-Empire avec le Moyen-Age,
Du Midi dans le Nord formidable engrenage;
Quand l'histoire n'est plus qu'un tas noir de tombeaux,
De Crécys, de Rosbachs, becquetés des corbeaux;

Quand le pied des méchants règne et courbe la tête
Du pauvre partageant dans l'auge avec la bête ;
Lorsqu'on voit aux deux bouts de l'affreuse Babel
Louis Onze et Tristan, Louis Quinze et Lebel ;
Quand le harem est prince et l'échafaud ministre ;
Quand toute chair gémit ; quand la lune sinistre
Trouve qu'assez longtemps l'herbe humaine a fléchi,
Et qu'assez d'ossements aux gibets ont blanchi ;
Quand le sang de Jésus tombe en vain, goutte à goutte,
Depuis dix-huit cents ans, dans l'ombre qui l'écoute ;
Quand l'ignorance a même aveuglé l'avenir ;
Quand, ne pouvant plus rien saisir et rien tenir,
L'espérance n'est plus que le tronçon de l'homme ;
Quand partout le supplice à la fois se consomme,
Quand la guerre est partout, quand la haine est partout,
Alors, subitement, un jour, debout, debout !
Les réclamations de l'ombre misérable,
La géante douleur, spectre incommensurable,
Sortent du gouffre, un cri s'entend sur les hauteurs ;
Les mondes sociaux heurtent leurs équateurs ;
Tout le bagne effrayant des parias se lève ;
Et l'on entend sonner les fouets, les fers, le glaive ;
Le meurtre, le sanglot, la faim, le hurlement,
Tout le bruit du passé, dans ce déchaînement !
Dieu dit au peuple : Va ! l'ardent tocsin qui râle
Secoue avec sa corde obscure et sépulcrale
L'église et son clocher, le Louvre et son beffroi ;
Luther brise le pape, et Mirabeau le roi !

Tout est dit. C'est ainsi que les vieux mondes croulent.
Oh! l'heure vient toujours! des flots sourds au loin roulent,
A travers les rumeurs, les cadavres, les deuils,
L'écume, et les sommets qui deviennent écueils,
Les siècles devant eux poussent, désespérées,
Les révolutions, monstrueuses marées,
Océans faits des pleurs de tout le genre humain.

V

Ce sont les rois qui font les gouffres ; mais la main
Qui sema ne veut pas accepter la récolte,
Le fer dit que le sang qui jaillit se révolte.

Voilà ce que m'apprit l'histoire. Oui, c'est cruel,
Ma raison a tué mon royalisme en duel.
Me voici jacobin. Que veut-on que j'y fasse?
Le revers du louis, dont vous aimez la face,
M'a fait peur. En allant librement devant moi,
En marchant, je le sais, j'afflige votre foi,
Votre religion, votre cause éternelle,
Vos dogmes, vos aïeux, vos dieux, votre flanelle,
Et dans vos bons vieux os, faits d'immobilité,
Le rhumatisme antique appelé royauté.

Je n'y puis rien. Malgré menins et majordomes,
Je ne crois plus aux rois propriétaires d'hommes ;
N'y croyant plus, je fais mon devoir, je le dis.
Marc-Aurèle écrivait : « Je me trompai jadis ;
» Mais je ne laisse pas, allant au juste, au sage,
» Mes erreurs d'autrefois me barrer le passage. »
Je ne suis qu'un atome, et je fais comme lui ;
Marquis, depuis vingt ans, je n'ai, comme aujourd'hui,
Qu'une idée en l'esprit : servir la cause humaine.
La vie est une cour d'assises ; on amène
Les faibles à la barre accouplés aux pervers.
J'ai dans le livre, avec le drame, en prose, en vers,
Plaidé pour les petits et pour les misérables,
Suppliant les heureux et les inexorables ;
J'ai réhabilité le bouffon, l'histrion,
Tous les damnés humains, Triboulet, Marion,
Le laquais, le forçat et la prostituée ;
Et j'ai collé ma bouche à tout âme tuée,
Comme font les enfants, anges aux cheveux d'or,
Sur la mouche qui meurt, pour qu'elle vole encor.
Je me suis incliné sur tout ce qui chancelle,
Tendre, et j'ai demandé la grâce universelle ;
Et, comme j'irritais beaucoup de gens ainsi,
Tandis qu'en bas peut-être on me disait : Merci,
J'ai recueilli souvent, passant dans les nuées,
L'applaudissement fauve et sombre des huées ;
 'ai réclamé des droits pour la femme et l'enfant ;
J'ai tâché d'éclairer l'homme en le réchauffant ;

J'allais criant : Science! écriture! parole!
Je voulais résorber le bagne par l'école ;
Les coupables pour moi n'étaient que des témoins.
Rêvant tous les progrès, je voyais luire moins
Que le front de Paris la tiare de Rome.
J'ai vu l'esprit humain libre, et le cœur de l'homme
Esclave ; et j'ai voulu l'affranchir à son tour,
Et j'ai tâché de mettre en liberté l'amour.
Enfin, j'ai fait la guerre à la Grève homicide,
J'ai combattu la mort, comme l'antique Alcide ;
Et me voilà ; marchant toujours, ayant conquis,
Perdu, lutté, souffert. — Encore un mot, marquis,
Puisque nous sommes là causant entre deux portes.
On peut être appelé renégat de deux sortes :
En se faisant païen, en se faisant chrétien.
L'erreur est d'un aimable et galant entretien.
Qu'on la quitte, elle met les deux poings sur sa hanche.
La vérité, si douce aux bons, mais rude et franche,
Quand, pour l'or, le pouvoir, la pourpre qu'on revêt,
On la trahit, devient le spectre du chevet.
L'une est la harengère, et l'autre est l'euménide.
Et ne nous fâchons point. Bonjour, Épiménide.

Le passé ne veut pas s'en aller. Il revient
Sans cesse sur ses pas, reveut, reprend, retient,
Use à tout ressaisir ses ongles noirs ; fait rage ;
Il gonfle son vieux flot, souffle son vieil orage,

Vomit sa vieille nuit, crie : A bas! crie : A mort!
Pleure, tonne, tempête, éclate, hurle, mord.
L'avenir souriant lui dit : Passe, bonhomme.

L'immense renégat d'Hier, marquis, se nomme
Demain ; mais tourne bride et plante là l'hiver ;
Qu'est-ce qu'un papillon? le déserteur du ver;
Falstaff se range? il est l'apostat des ribotes ;
Mes pieds, ces renégats, quittent mes vieilles bottes;
Ah! le doux renégat des haines, c'est l'amour.
A l'heure où, débordant d'incendie et de jour,
Splendide, il s'évada de leurs cachots funèbres,
Le soleil frémissant renia les ténèbres.

O marquis peu semblable aux anciens barons loups,
O Français renégat du Celte, embrassons-nous.
Vous voyez bien, marquis, que vous aviez trop d'ire.

VI

Rien au fond de mon cœur, puisqu'il faut le redire,
Non, rien n'a varié; je suis toujours celui

Qui va droit au devoir, dès que l'honnête a lui,
Qui, comme Job, frissonne aux vents, fragile arbuste,
Mais veut le bien, le vrai, le beau, le grand, le juste.
Je suis cet homme-là, je suis cet enfant-là.
Seulement, un matin, mon esprit s'envola,
Je vis l'espace large et pur qui nous réclame ;
L'horizon a changé, marquis, mais non pas l'âme,
Rien au dedans de moi, mais tout autour de moi.
L'histoire m'apparut, et je compris la loi
Des générations cherchant Dieu, portant l'arche,
Et montant l'escalier immense marche à marche.
Je restai le même œil voyant un autre ciel.
Est-ce ma faute, à moi, si l'azur éternel
Est plus grand et plus beau qu'un plafond de Versailles ?
Est-ce ma faute, à moi, mon Dieu, si tu tressailles
Dans mon cœur frémissant, à ce cri : Liberté !
L'œil de cet homme a plus d'aurore et de clarté,
Tant pis ! prenez-vous-en à l'aube solennelle.
C'est la faute au soleil, et non à la prunelle.
Vous dites : Où vas-tu ? Je l'ignore ; et j'y vais.
Quand le chemin est droit, jamais il n'est mauvais.
J'ai devant moi le jour et j'ai la nuit derrière ;
Et cela me suffit ; je brise la barrière.
Je vois, et rien de plus ; je crois, et rien de moins.
Mon avenir à moi n'est pas un de mes soins.
Les hommes du passé, les combattants de l'ombre,
M'assaillent ; je tiens tête, et sans compter leur nombre,
A ce choc inégal et parfois hasardeux.

Mais Longwood et Goritz[1] m'en sont témoins tous deux,
Jamais je n'outrageai la proscription sainte.
Le malheur, c'est la nuit; dans cette auguste enceinte,
Les hommes et les cieux paraissent étoilés.
Les derniers rois l'ont su quand ils s'en sont allés.
Jamais je ne refuse, alors que le soir tombe,
Mes larmes à l'exil, mes genoux à la tombe;
J'ai toujours consolé qui s'est évanoui;
Et, dans leurs noirs cercueils, leur tête me dit oui.
Ma mère aussi le sait! et, de plus, avec joie,
Elle sait les devoirs nouveaux que Dieu m'envoie;
Car, étant dans la fosse, elle aussi voit le vrai.
Oui, l'homme sur la terre est un ange à l'essai;
Aimons! servons! aidons! luttons! souffrons! Ma mère
Sait qu'à présent je vis hors de toute chimère;
Elle sait que mes yeux aux progrès sont ouverts,
Que j'attends les périls, l'épreuve, les revers,
Que je suis toujours prêt, et que je hâte l'heure
De ce grand lendemain : l'humanité meilleure!
Qu'heureux, triste, applaudi, chassé, vaincu, vainqueur,
Rien de ce but profond ne distraira mon cœur,
Ma volonté, mes pas, mes cris, mes vœux, ma flamme!
O saint tombeau, tu vois dans le fond de mon âme!

Oh! jamais, quel que soit le sort, le deuil, l'affront,
La conscience en moi ne baissera le front;

---

[1] On n'a rien changé à ces vers, écrits en 1846. Aujourd'hui, l'auteur eût ajouté Claremont.

Elle marche, sereine, indestructible et fière ;
Car j'aperçois toujours, conseil lointain, lumière,
A travers mon destin, quel que soit le moment,
Quel que soit le désastre ou bien l'éloignement,
Dans le bruit, dans le vent orageux qui m'emporte,
Dans l'aube, dans la nuit, l'œil de ma mère morte !

Paris, juin 1846.

ÉCRIT EN 1855

—

J'ajoute un post-scriptum après neuf ans. J'écoute :
Êtes-vous toujours là ? Vous êtes mort sans doute,
Marquis ; mais d'où je suis on peut parler aux morts.
Ah ! votre cercueil s'ouvre : — Où donc es-tu ? — Dehors.
Comme vous. — Es-tu mort ? — Presque. J'habite l'ombre ;
Je suis sur un rocher qu'environne l'eau sombre,
Écueil rongé des flots, de ténèbres chargé,
Où s'assied, ruisselant, le blême naufragé.
— Eh bien, me dites-vous, après ? — La solitude
Autour de moi toujours a la même attitude ;
Je ne vois que l'abîme, et la mer, et les cieux,
Et les nuages noirs qui vont silencieux ;
Mon toit, la nuit, frissonne, et l'ouragan le mêle
Aux souffles effrénés de l'onde et de la grêle ;

Quelqu'un semble clouer un crêpe à l'horizon ;
L'insulte bat de loin le seuil de ma maison ;
Le roc croule sous moi dès que mon pied s'y pose ;
Le vent semble avoir peur de m'approcher, et n'ose
Me dire qu'en baissant la voix et qu'à demi
L'adieu mystérieux que me jette un ami.
La rumeur des vivants s'éteint diminuée.
Tout ce que j'ai rêvé s'est envolé, nuée !
Sur mes jours devenus fantômes, pâle et seul,
Je regarde tomber l'infini, ce linceul. —
Et vous dites : — Après ? — Sous un mont qui surplombe,
Près des flots, j'ai marqué la place de ma tombe ;
Ici, le bruit du gouffre est tout ce qu'on entend ;
Tout est horreur et nuit. — Après ? — Je suis content.

Jersey, janvier 1855.

IV

La source tombait du rocher
Goutte à goutte à la mer affreuse.
L'Océan, fatal au nocher,
Lui dit : « Que veux-tu, pleureuse?

» Je suis la tempête et l'effroi ;
» Je finis où le ciel commence.

» Est-ce que j'ai besoin de toi,
» Petite, moi qui suis l'immense? »

La source dit au gouffre amer :
« Je te donne, sans bruit ni gloire,
» Ce qui te manque, ô vaste mer!
» Une goutte d'eau qu'on peut boire. »

Avril 1854.

V

A MADEMOISELLE LOUISE B.

O vous l'âme profonde! ô vous la sainte lyre!
Vous souvient-il des temps d'extase et de délire,
      Et des jeux triomphants,
Et du soir qui tombait des collines prochaines?
Vous souvient-il des jours? Vous souvient-il des chênes
      Et des petits enfants?

Et vous rappelez-vous les amis et la table,
Et le rire éclatant du père respectable,

Et nos cris querelleurs,
Le pré, l'étang, la barque et la lune, et la brise,
Et les chants qui sortaient de votre cœur, Louise,
En attendant les pleurs ?

Le parc avait des fleurs et n'avait pas de marbres.
Oh! comme il était beau, le vieillard sous les arbres!
Je le voyais parfois
Dès l'aube sur un banc s'asseoir tenant un livre;
Je sentais; j'entendais l'ombre autour de lui vivre
Et chanter dans les bois!

Il lisait, puis dormait au baiser de l'aurore,
Et je le regardais dormir, plus calme encore
Que ce paisible lieu,
Avec son front serein d'où sortait une flamme,
Son livre ouvert devant le soleil, et son âme
Ouverte devant Dieu!

Et du fond de leur nid, sous l'orme et sous l'érable,
Les oiseaux admiraient sa tête vénérable,
Et, gais chanteurs tremblants,
Ils guettaient, s'approchaient, et souhaitaient dans l'ombre
D'avoir, pour augmenter la douceur du nid sombre,
Un de ses cheveux blancs!

Puis il se réveillait, s'en allait vers la grille,
S'arrêtait pour parler à ma petite fille,
  Et ces temps sont passés!
Le vieillard et l'enfant jasaient de mille choses...
Vous ne voyiez donc pas ces deux êtres, ô roses!
  Que vous refleurissez?

Avez-vous bien le cœur, ô roses! de renaître
Dans le même bosquet, sous la même fenêtre?
  Où sont-ils, ces fronts purs?
N'étaient-ce pas vos sœurs, ces deux âmes perdues
Qui vivaient, et se sont si vite confondues
  Aux éternels azurs?

Est-ce que leur sourire, est-ce que leurs paroles,
O roses! n'allaient pas réjouir vos corolles
  Dans l'air silencieux,
Et ne s'ajoutaient pas à vos chastes délices,
Et ne devenaient pas parfums dans vos calices,
  Et rayons dans vos cieux?

Ingrates! vous n'avez ni regrets, ni mémoire.
Vous vous réjouissez dans toute votre gloire;
  Vous n'avez point pâli.
Ah! je ne suis qu'un homme et qu'un roseau qui ploie,
Mais je ne voudrais pas, quant à moi, d'une joie
  Faite de tant d'oubli!

Oh ! qu'est-ce que le sort a fait de tout ce rêve ?
Où donc a-t-il jeté l'humble cœur qui s'élève,
    Le foyer réchauffant,
O Louise ! et la vierge, et le vieillard prospère,
Et tous ces vœux profonds, de moi pour votre père
    De vous pour mon enfant ?

Où sont-ils, les amis de ce temps que j'adore ?
Ceux qu'a pris l'ombre, et ceux qui ne sont pas encore
    Tombés au flot sans bords ;
Eux, les évanouis, qu'un autre ciel réclame,
Et vous, les demeurés, qui vivez dans mon âme,
    Mais pas plus que les morts !

Quelquefois je voyais, de la colline en face,
Mes quatre enfants jouer, tableau que rien n'efface !
    Et j'entendais leurs chants ;
Ému, je contemplais ces aubes de moi-même ;
Qui se levaient là-bas dans la douceur suprême
    Des vallons et des champs !

Ils couraient, s'appelaient dans les fleurs ; et les femmes
Se mêlaient à leurs jeux comme de blanches âmes ;
    Et tu riais, Armand !
Et, dans l'hymen obscur qui sans fin se consomme,
La nature sentait que ce qui sort de l'homme
    Est divin et charmant !

Où sont-ils? Mère, frère, à son tour chacun sombre.
Je saigne et vous saignez. Mêmes douleurs! même ombre!
    O jours trop tôt décrus!
Ils vont se marier; faites venir un prêtre;
Qu'il revienne! ils sont morts. Et, le temps d'apparaître,
    Les voilà disparus!

Nous vivons tous penchés sur un océan triste.
L'onde est sombre. Qui donc survit? qui donc existe?
    Ce bruit sourd, c'est le glas.
Chaque flot est une âme; et tout fuit. Rien ne brille.
Un sanglot dit : Mon père! un sanglot dit : Ma fille!
    Un sanglot dit : Hélas!

Marine-Terrace, juin 1855.

VI

A VOUS QUI ÊTES LÀ

———

Vous, qui l'avez suivi dans sa blême vallée,
Au bord de cette mer d'écueils noirs constellée,
Sous la pâle nuée éternelle qui sort
Des flots, de l'horizon, de l'orage et du sor
Vous qui l'avez suivi dans cette Thébaïde,
Sur cette grève nue, aigre, isolée et vide,
Où l'on ne voit qu'espace âpre et silencieux,
Solitude sur terre et solitude aux cieux,
Vous qui l'avez suivi dans ce brouillard qu'épanche
Sur le roc, sur la vague et sur l'écume blanche,

La profonde tempête aux souffles inconnus,
Recevez, dans la nuit où vous êtes venus,
O chers êtres ! cœurs vrais, lierres de ces décombres,
La bénédiction de tous ces déserts sombres.
Ces désolations vous aiment ; ces horreurs,
Ces brisants, cette mer où les vents laboureurs
Tirent sans fin le soc monstrueux des nuages,
Ces houles revenant comme de grands rouages,
Vous aiment ; ces exils sont joyeux de vous voir :
Recevez la caresse immense du lieu noir !
O forçats de l'amour ! ô compagnons, compagnes,
Qui l'aidez à traîner son boulet dans ces bagnes,
O groupe indestructible et fidèle entre tous
D'âmes et de bons cœurs et d'esprits fiers et doux,
Mère, fille, et vous, fils, vous ami, vous encore,
Recevez le soupir du soir vague et sonore,
Recevez le sourire et les pleurs du matin,
Recevez la chanson des mers, l'adieu lointain
Du pauvre mât penché parmi les lames brunes !
Soyez les bienvenus pour l'âpre fleur des dunes,
Et pour l'aigle qui fuit les hommes importuns,
Ames, et que les champs vous rendent vos parfums,
Et que, votre clarté, les astres vous la rendent !
Et qu'en vous admirant, les vastes flots demandent :
Qu'est-ce donc que ces cœurs qui n'ont pas de reflux ?

O tendres survivants de tout ce qui n'est plus !

Rayonnements masquant la grande éclipse à l'âme!
Sourires éclairant, comme une douce flamme,
L'abîme qui se fait, hélas! dans le songeur!
Gaietés saintes chassant le souvenir rongeur!
Quand le proscrit saignant se tourne, âme meurtrie,
Vers l'horizon, et crie en pleurant : « La patrie! »
La famille, mensonge auguste, dit : « C'est moi! »

Oh! suivre hors du jour, suivre hors de la loi,
Hors du monde, au delà de la dernière porte,
L'être mystérieux qu'un vent fatal emporte,
C'est beau. C'est beau de suivre un exilé! Le jour
Où ce banni sortit de France, plein d'amour
Et d'angoisse, au moment de quitter cette mère,
Il s'arrêta longtemps sur la limite amère ;
Il voyait, de sa course à venir déjà las,
Que dans l'œil des passants il n'était plus, hélas!
Qu'une ombre et qu'il allait entrer au sourd royaume
Où l'homme qui s'en va flotte et devient fantôme ;
Il disait aux ruisseaux : « Retiendrez-vous mon nom,
Ruisseaux? » Et les ruisseaux coulaient en disant : « Non. »
Il disait aux oiseaux de France : « Je vous quitte,
Doux oiseaux; je m'en vais aux lieux où l'on meurt vite,
Au noir pays d'exil où le ciel est étroit;
Vous viendrez, n'est-ce pas, vous nicher dans mon toit?
Et les oiseaux fuyaient au fond des brumes grises.
Il disait aux forêts : « M'enverrez-vous vos brises? »

Les arbres lui faisaient des signes de refus.
Car le proscrit est seul ; la foule aux pas confus
Ne comprend que plus tard, d'un rayon éclairée,
Cet habitant du gouffre et de l'ombre sacrée.

Marine-Terrace, janvier 1855.

VII

Pour l'erreur, éclairer, c'est apostasier.
Aujourd'hui ne naît pas impunément d'hier.
L'aube sort de la nuit, qui la déclare ingrate.
Anytus criait : « Mort à l'apostat Socrate! »
Caïphe disait : « Mort au renégat Jésus! »
Courbant son front pendant que l'on crache dessus,
Galilée, apostat à la terre immobile,
Songe et la sent frémir sous son genou débile.
Destin! sinistre éclat de rire! En vérité,
J'admire, ô cieux profonds! que ç'ait toujours été

La volonté de Dieu qu'en ce monde où nous sommes
On donnât sa pensée et son labeur aux hommes,
Ses entrailles, ses jours et ses nuits, sa sueur,
Son sommeil, ce qu'on a dans les yeux de lueur,
Et son cœur et son âme, et tout ce qu'on en tire,
Sans reculer devant n'importe quel martyre,
Et qu'on se répandît, et qu'on se prodiguât,
Pour être au fond du gouffre appelé renégat!

Marine-Terrace, novembre 1854.

VIII

A JULES J.[1]

Je dormais en effet, et tu me réveillas.
Je te criai : « Salut! » et tu me dis : « Hélas! »
Et cet instant fut doux, et nous nous embrassâmes ;
Nous mêlâmes tes pleurs, mon sourire et nos âmes.

Ces temps sont déjà loin ; où donc alors roulait
Ma vie? et ce destin sévère qui me plaît,
Qu'est-ce donc qu'il faisait de cette feuille morte
Que je suis, et qu'un vent pousse, et qu'un vent emporte?

[1] Voir *Histoire de la littérature dramatique*, tome IV, pages 413 et 414.

J'habitais au milieu des hauts pignons flamands;
Tout le jour, dans l'azur, sous les vieux toits fumants,
Je regardais voler les grands nuages ivres;
Tandis que je songeais, le coude sur mes livres,
De moments en moments, ce noir passant ailé,
Le temps, ce sourd tonnerre à nos rumeurs mêlé,
D'où les heures s'en vont en sombres étincelles,
Ébranlait sur mon front le beffroi de Bruxelles.
Tout ce qui peut tenter un cœur ambitieux
Était là, devant moi, sur terre et dans les cieux;
Sous mes yeux, dans l'austère et gigantesque place,
J'avais les quatre points cardinaux de l'espace,
Qui fait songer à l'aigle, à l'astre, au flot, au mont,
Et les quatre pavés de l'échafaud d'Egmont.

Aujourd'hui, dans une île, en butte aux eaux sans nombre,
Où l'on ne me voit plus, tant j'y suis couvert d'ombre,
Au milieu de la vaste aventure des flots,
Des rocs, des mers, brisant barques et matelots,
Debout, échevelé sur le cap ou le môle
Par le souffle qui sort de la bouche du pôle,
Parmi les chocs, les bruits, les naufrages profonds,
Morne histoire d'écueils, de gouffres, de typhons,
Dont le vent est la plume et la nuit le registre,
J'erre, et de l'horizon je suis la voix sinistre.

Un pauvre homme passait dans le givre et le vent.

LES CONTEMPLATIONS, T. I.

Et voilà qu'à travers ces brumes et ces eaux,
Tes volumes exquis m'arrivent, blancs oiseaux,
M'apportant le rameau qu'apportent les colombes
Aux arches, et le chant que le cygne offre aux tombes,
Et jetant à mes rocs tout l'éblouissement
De Paris glorieux et de Paris charmant!
Et je lis, et mon front s'éclaire, et je savoure
Ton style, ta gaieté, ta douleur, ta bravoure.
Merci, toi dont le cœur aima, sentit, comprit!
Merci, devin! merci, frère, poëte, esprit,
Qui viens chanter cet hymne à côté de ma vie!
Qui vois mon destin sombre et qui n'as pas d'envie!
Et qui, dans cette épreuve où je marche, portant
L'abandon à chaque heure et l'ombre à chaque instant,
M'as vu boire le fiel sans y mêler la haine!
Tu changes en blancheur la nuit de ma géhenne,
Et tu fais un autel de lumière inondé
Du tas de pierres noir dont on m'a lapidé.

Je ne suis rien; je viens et je m'en vais; mais gloire
A ceux qui n'ont pas peur des vaincus de l'histoire
Et des contagions du malheur toujours fui!
Gloire aux fermes penseurs inclinés sur celui
Que le sort, geôlier triste, au fond de l'exil pousse!
Ils ressemblent à l'aube, ils ont la force douce,

Ils sont grands ; leur esprit parfois, avec un mot,
Dore en arc triomphal la voûte du cachot !

Le ciel s'est éclairci sur mon île sonore,
Et ton livre en venant a fait venir l'aurore ;
Seul aux bois avec toi, je lis, et me souviens,
Et je songe, oubliant les monts diluviens,
L'onde, et l'aigle de mer qui plane sur mon aire ;
Et, pendant que je lis, mon œil visionnaire,
A qui tout apparaît comme dans un réveil,
Dans les ombres que font les feuilles au soleil,
Sur tes pages où rit l'idée, où vit la grâce,
Croit voir se dessiner le pur profil d'Horace,
Comme si, se mirant au livre où je te vois,
Ce doux songeur ravi lisait derrière moi !

Marine-Terrace, décembre 1854.

IX

LE MENDIANT

Un pauvre homme passait dans le givre et le vent.
Je cognai sur ma vitre; il s'arrêta devant
Ma porte, que j'ouvris d'une façon civile.
Les ânes revenaient du marché de la ville,
Portant les paysans accroupis sur leurs bâts.
C'était le vieux qui vit dans une niche au bas
De la montée, et rêve, attendant, solitaire,
Un rayon du ciel triste, un liard de la terre,
Tendant les mains pour l'homme et les joignant pour Dieu.
Je lui criai : « Venez vous réchauffer un peu.

» Comment vous nommez-vous ? » Il me dit : « Je me nomme
» Le pauvre. » Je lui pris la main : « Entrez, brave homme. »
Et je lui fis donner une jatte de lait.
Le vieillard grelottait de froid ; il me parlait,
Et je lui répondais, pensif et sans l'entendre.
« Vos habits sont mouillés, dis-je, il faut les étendre
» Devant la cheminée. » Il s'approcha du feu.
Son manteau, tout mangé des vers, et jadis bleu,
Étalé largement sur la chaude fournaise,
Piqué de mille trous par la lueur de braise,
Couvrait l'âtre, et semblait un ciel noir étoilé.
Et, pendant qu'il séchait ce haillon désolé
D'où ruisselait la pluie et l'eau des fondrières,
Je songeais que cet homme était plein de prières,
Et je regardais, sourd à ce que nous disions,
Sa bure, où je voyais des constellations.

Décembre 1834.

X

AUX FEUILLANTINES

—

Mes deux frères et moi, nous étions tout enfants.
Notre mère disait : « Jouez, mais je défends
» Qu'on marche dans les fleurs et qu'on monte aux échelles. »

Abel était l'aîné, j'étais le plus petit.
Nous mangions notre pain de si bon appétit,
Que les femmes riaient quand nous passions près d'elles.

Nous montions pour jouer au grenier du couvent.
Et, là, tout en jouant, nous regardions souvent,
Sur le haut d'une armoire, un livre inaccessible.

Nous grimpâmes un jour jusqu'à ce livre noir ;
Je ne sais pas comment nous fîmes pour l'avoir,
Mais je me souviens bien que c'était une Bible.

Ce vieux livre sentait une odeur d'encensoir.
Nous allâmes, ravis, dans un coin nous asseoir ;
Des estampes partout ! quel bonheur ! quel délire !

Nous l'ouvrîmes alors tout grand sur nos genoux,
Et, dès le premier mot, il nous parut si doux,
Qu'oubliant de jouer, nous nous mîmes à lire.

Nous lûmes tous les trois ainsi tout le matin
Joseph, Ruth et Booz, le bon Samaritain,
Et, toujours plus charmés, le soir nous le relûmes.

Tels des enfants, s'ils ont pris un oiseau des cieux,
S'appellent en riant et s'étonnent, joyeux,
De sentir dans leur main la douceur de ses plumes.

Marine-Terrace, août 1855.

Et Ponto me regarde avec son œil honnête.

LES CONTEMPLATIONS, T. II.

XI

PONTO

Je dis à mon chien noir : « Viens, Ponto, viens-nous-en! »
Et je vais dans les bois, mis comme un paysan;
Je vais dans les grands bois, lisant dans les vieux livres.
L'hiver, quand la ramée est un écrin de givres,
Ou l'été, quand tout rit, même l'aurore en pleurs,
Quand toute l'herbe n'est qu'un triomphe de fleurs,
Je prends Froissard, Montluc, Tacite, quelque histoire,
Et je marche effaré des crimes de la gloire.
Hélas! l'horreur partout, même chez les meilleurs!
Toujours l'homme en sa nuit trahi par ses veilleurs!

Toutes les grandes mains, hélas! de sang rougies!
Alexandre ivre et fou, César perdu d'orgies,
Et, le poing sur Didier, le pied sur Vitikind,
Charlemagne souvent semblable à Charles-Quint;
Caton de chair humaine engraissant la murène;
Titus crucifiant Jérusalem; Turenne,
Héros, comme Bayard et comme Catinat,
A Nordlingue, bandit dans le Palatinat;
Le duel de Jarnac, le duel de Carrouge;
Louis Neuf tenaillant les langues d'un fer rouge;
Cromwel trompant Milton, Calvin brûlant Servet.
Que de spectres, ô gloire! autour de ton chevet!
O triste humanité! je fuis dans la nature;
Et, pendant que je dis : « Tout est leurre, imposture,
» Mensonge, iniquité, mal de splendeur vêtu! »
Mon chien Ponto me suit. Le chien, c'est la vertu
Qui, ne pouvant se faire homme, s'est faite bête,
Et Ponto me regarde avec son œil honnête.

Marine-Terrace, mars 1855.

XII

DOLOROSÆ

Mère, voilà douze ans que notre fille est morte;
Et depuis, moi le père et vous la femme forte,
Nous n'avons pas été, Dieu le sait, un seul jour
Sans parfumer son nom de prière et d'amour.
Nous avons pris la sombre et charmante habitude
De voir son ombre vivre en notre solitude,
De la sentir passer et de l'entendre errer,
Et nous sommes restés à genoux à pleurer.

Nous avons persisté dans cette douleur douce,
Et nous vivons penchés sur ce cher nid de mousse
Emporté dans l'orage avec les deux oiseaux.
Mère, nous n'avons pas plié, quoique roseaux,
Ni perdu la bonté vis-à-vis l'un de l'autre,
Ni demandé la fin de mon deuil et du vôtre
A cette lâcheté qu'on appelle l'oubli.
Oui, depuis ce jour triste où pour nous ont pâli
Les cieux, les champs, les fleurs, l'étoile, l'aube pure
Et toutes les splendeurs de la sombre nature,
Avec les trois enfants qui nous restent, trésor
De courage et d'amour que Dieu nous laisse encor,
Nous avons essuyé des fortunes diverses,
Ce qu'on nomme malheur, adversité, traverses,
Sans trembler, sans fléchir, sans haïr les écueils,
Donnant aux deuils du cœur, à l'absence, aux cercueils,
Aux souffrances dont saigne ou l'âme ou la famille,
Aux êtres chers enfuis ou morts, à notre fille,
Aux vieux parents repris par un monde meilleur,
Nos pleurs, et le sourire à toute autre douleur.

Marine-Terrace, août 1855.

XIII

PAROLES SUR LA DUNE

Maintenant que mon temps décroît comme un flambeau,
    Que mes tâches sont terminées;
Maintenant que voici que je touche au tombeau
    Par les deuils et par les années,

Et qu'au fond de ce ciel que mon essor rêva,
    Je vois fuir, vers l'ombre entraînées,
Comme le tourbillon du passé qui s'en va,
    Tant de belles heures sonnées;

Maintenant que je dis : — Un jour, nous triomphons ;
    Le lendemain, tout est mensonge! —
Je suis triste, et je marche au bord des flots profonds,
    Courbé comme celui qui songe.

Je regarde au-dessus du mont et du vallon,
    Et des mers sans fin remuées,
S'envoler sous le bec du vautour aquilon,
    Toute la toison des nuées;

J'entends le vent dans l'air, la mer sur le récif,
    L'homme liant la gerbe mûre;
J'écoute, et je confronte en mon esprit pensif
    Ce qui parle à ce qui murmure;

Et je reste parfois couché sans me lever
    Sur l'herbe rare de la dune,
Jusqu'à l'heure où l'on voit apparaître et rêver
    Les yeux sinistres de la lune.

Elle monte; elle jette un long rayon dormant
    A l'espace, au mystère, au gouffre;
Et nous nous regardons tous les deux fixement,
    Elle qui brille et moi qui souffre.

Où donc s'en sont allés mes jours évanouis ?
    Est-il quelqu'un qui me connaisse,
Ai-je encor quelque chose en mes yeux éblouis,
    De la clarté de ma jeunesse ?

Tout s'est-il envolé ? Je suis seul, je suis las ;
    J'appelle sans qu'on me réponde ;
O vents ! ô flots ! ne suis-je aussi qu'un souffle, hélas !
    Hélas ! ne suis-je aussi qu'une onde ?

Ne verrai-je plus rien de tout ce que j'aimais ?
    Au dedans de moi le soir tombe.
O terre, dont la brume efface les sommets,
    Suis-je le spectre, et toi la tombe ?

Ai-je donc vidé tout, vie, amour, joie, espoir ?
    J'attends, je demande, j'implore ;
Je penche tour à tour mes urnes pour avoir
    De chacune une goutte encore !

Comme le souvenir est voisin du remord !
    Comme à pleurer tout nous ramène !
Et que je te sens froide en te touchant, ô mort !
    Noir verrou de la porte humaine !

Et je pense, écoutant gémir le vent amer,
  Et l'onde aux plis infranchissables :
L'été rit, et l'on voit sur le bord de la mer
  Fleurir le chardon bleu des sables.

5 août 1851, anniversaire de mon arrivée à Jersey.

XIV

CLAIRE P.

Quel âge hier? Vingt ans. Et quel âge aujourd'hui?
L'éternité. Ce front pendant une heure a lui.
Elle avait les doux chants et les grâces superbes;
Elle semblait porter de radieuses gerbes;
Rien qu'à la voir passer, on lui disait : Merci!
Qu'est-ce donc que la vie, hélas! pour mettre ainsi
Les êtres les plus purs et les meilleurs en fuite?
Et moi, je l'avais vue encor toute petite.
Elle me disait Vous, et je lui disais Tu.
Son accent ineffable avait cette vertu

De faire en mon esprit, douces voix éloignées,
Chanter le vague chœur de mes jeunes années.
Il n'a brillé qu'un jour, ce beau front ingénu.
Elle était fiancée à l'hymen inconnu.
A qui mariez-vous, mon Dieu, toutes ces vierges?
Un vague et pur reflet de la lueur des cierges
Flottait dans son regard céleste et rayonnant;
Elle était grande et blanche et gaie; et, maintenant,
Allez à Saint-Mandé, cherchez dans le champ sombre,
Vous trouverez le lit de sa noce avec l'ombre;
Vous trouverez la tombe où gît ce lis vermeil;
Et c'est là que tu fais ton éternel sommeil,
Toi qui, dans ta beauté naïve et recueillie,
Mêlais à la madone auguste d'Italie
La Flamande qui rit à travers les houblons,
Douce Claire aux yeux noirs avec des cheveux blonds.

Elle s'en est allée avant d'être une femme;
N'étant qu'un ange encor; le ciel a pris son âme
Pour la rendre en rayons à nos regards en pleurs,
Et l'herbe, sa beauté, pour nous la rendre en fleurs.

Les êtres étoilés que nous nommons archanges
La bercent dans leurs bras au milieu des louanges,
Et, parmi les clartés, les lyres, les chansons,
D'en haut elle sourit à nous qui gémissons.

Elle sourit, et dit aux anges sous leurs voiles :
Est-ce qu'il est permis de cueillir des étoiles?
Et chante, et, se voyant elle-même flambeau,
Murmure dans l'azur : Comme le ciel est beau!
Mais cela ne fait rien à sa mère qui pleure ;
La mère ne veut pas que son doux enfant meure
Et s'en aille, laissant ses fleurs sur le gazon,
Hélas! et le silence au seuil de la maison!

Son père, le sculpteur, s'écriait : — Qu'elle est belle!
Je ferai sa statue aussi charmante qu'elle.
C'est pour elle qu'avril fleurit les verts sentiers.
Je la contemplerai pendant des mois entiers,
Et je ferai venir du marbre de Carrare.
Ce bloc prendra sa forme éblouissante et rare ;
Elle restera chaste et candide à côté.
On dira : « Le sculpteur a deux filles : Beauté
» Et Pudeur; Ombre et Jour; la Vierge et la Déesse;
» Quel est cet ouvrier de Rome ou de la Grèce
» Qui, trouvant dans son art des secrets inconnus,
» En copiant Marie, a su faire Vénus? »

Le marbre restera dans la montagne blanche,
Hélas! car c'est à l'heure où tout rit, que tout penche;
Car nos mains gardent mal tout ce qui nous est cher;
Car celle qu'on croyait d'azur était de chair;

Et celui qui taillait le marbre était de verre ;
Et voilà que le vent a soufflé, Dieu sévère,
Sur la vierge au front pur, sur le maître au bras fort ;
Et que la fille est morte, et que le père est mort !

Claire, tu dors. Ta mère, assise sur ta fosse,
Dit : — Le parfum des fleurs est faux, l'aurore est fausse,
L'oiseau qui chante au bois ment, et le cygne ment,
L'étoile n'est pas vraie au fond du firmament,
Le ciel n'est pas le ciel et là-haut rien ne brille,
Puisque, lorsque je crie à ma fille : « Ma fille,
» Je suis là, lève-toi ! » quelqu'un le lui défend ;
Et que je ne puis pas réveiller mon enfant ! —

Juin 1854.

XV

A ALEXANDRE D.

RÉPONSE A LA DÉDICACE DE SON DRAME

LA CONSCIENCE

———

Merci du bord des mers à celui qui se tourne
Vers la rive où le deuil, tranquille et noir, séjourne,
Qui défait de sa tête, où le rayon descend,
La couronne, et la jette au spectre de l'absent,
Et qui, dans le triomphe et la rumeur, dédie
Son drame à l'immobile et pâle tragédie!

Je n'ai pas oublié le quai d'Anvers, ami,
Ni le groupe vaillant, toujours plus raffermi,

D'amis chers, de fronts purs, ni toi, ni cette foule.
Le canot du steamer soulevé par la houle
Vint me prendre, et ce fut un long embrassement.
Je montai sur l'avant du paquebot fumant,
La roue ouvrit la vague, et nous nous appelâmes :
— Adieu ! — Puis, dans les vents, dans les flots, dans les lames
Toi debout sur le quai, moi debout sur le pont,
Vibrant comme deux luths dont la voix se répond,
Aussi longtemps qu'on put se voir, nous regardâmes
L'un vers l'autre, faisant comme un échange d'âmes ;
Et le vaisseau fuyait et la terre décrut ;
L'horizon entre nous monta, tout disparut ;
Une brume couvrit l'onde incommensurable ;
Tu rentras dans ton œuvre éclatante, innombrable,
Multiple, éblouissante, heureuse, où le jour luit ;
Et moi, dans l'unité sinistre de la nuit.

Marine-Terrace, décembre 1854.

XVI

LUEUR AU COUCHANT

—

Lorsque j'étais en France, et que le peuple en fête
Répandait dans Paris sa grande joie honnête,
Si c'était un des jours glorieux et vainqueurs
Où les fiers souvenirs, désaltérant les cœurs,
S'offrent à notre soif comme de larges coupes,
J'allais errer tout seul parmi les riants groupes,
Ne parlant à personne. et pourtant calme et doux,
Trouvant ainsi moyen d'être un et d'être tous,
Et d'accorder en moi, pour une double étude,
L'amour du peuple avec mon goût de solitude.

Rêveur, j'étais heureux; muet, j'étais présent.
Parfois je m'asseyais un livre en main, lisant
Virgile, Horace, Eschyle, ou bien Dante, leur frère;
Puis je m'interrompais, et, me laissant distraire
Des poëtes par toi, poésie, et content,
Je savourais l'azur, le soleil éclatant,
Paris, les seuils sacrés, et la Seine qui coule,
Et cette auguste paix qui sortait de la foule.
Dès lors pourtant des voix murmuraient : Anankè.
Je passais; et partout, sur le pont, sur le quai,
Et jusque dans les champs, étincelait le rire,
Haillon d'or que la joie en bondissant déchire.
Le Panthéon brillait comme une vision.
La gaieté d'une altière et libre nation
Dansait sous le ciel bleu dans les places publiques;
Un rayon qui semblait venir des temps bibliques
Illuminait Paris calme et patriarcal;
Ce lion dont l'œil met en fuite le chacal,
Le peuple des faubourgs se promenait tranquille.
Le soir, je revenais; et, dans toute la ville,
Les passants, éclatant en strophes, en refrains,
Ayant leurs doux instincts de liberté pour freins,
Du Louvre au champ de Mars, de Chaillot à la Grève,
Fourmillaient; et, pendant que mon esprit, qui rêve
Dans la sereine nuit des penseurs étoilés
Et dresse ses rameaux à leurs lueurs mêlés,
S'ouvrait à tous ces cris charmants comme l'aurore,
A toute cette ivresse innocente et sonore,

Paisibles, se penchant, noirs et tout semés d'yeux
Sous le ciel constellé, sur le peuple joyeux,
Les grands arbres pensifs des vieux Champs-Élysées,
Pleins d'astres, consentaient à s'emplir de fusées.
Et j'allais, et mon cœur chantait; et les enfants
Embarrassaient mes pas de leurs jeux triomphants,
Où s'épanouissaient les mères de famille;
Le frère avec la sœur, le père avec la fille,
Causaient; je contemplais tous ces hauts monuments
qui semblent au songeur rayonnants ou fumants,
Et qui font de Paris la deuxième des Romes;
J'entendais près de moi rire les jeunes hommes;
Et les graves vieillards dire : « Je me souviens. »
O patrie! ô concorde entre les citoyens!

Marine-Terrace, juillet 1855.

XVII

MUGITUSQUE BOUM

—

Mugissement des bœufs, au temps du doux Virgile,
Comme aujourd'hui, le soir, quand fuit la nuit agile,
Ou le matin, quand l'aube aux champs extasiés
Verse à flots la rosée et le jour, vous disiez :
« Mûrissez, blés mouvants ! prés, emplissez-vous d'herbes !
» Que la terre, agitant son panache de gerbes,
» Chante dans l'onde d'or d'une riche moisson !
» Vis, bête ; vis, caillou ; vis, homme ; vis, buisson ;

» A l'heure où le soleil se couche, où l'herbe est pleine
» Des grands fantômes noirs des arbres de la plaine
» Jusqu'aux lointains coteaux rampant et grandissant,
» Quand le brun laboureur des collines descend
» Et retourne à son toit d'où sort une fumée,
» Que la soif de revoir sa femme bien-aimée
» Et l'enfant qu'en ses bras hier il réchauffait,
» Que ce désir, croissant à chaque pas qu'il fait,
» Imite dans son cœur l'allongement de l'ombre!
» Êtres, choses, vivez! sans peur, sans deuil, sans nombre!
» Que tout s'épanouisse en sourire vermeil!
» Que l'homme ait le repos et le bœuf le sommeil!
» Vivez! croissez! semez le grain à l'aventure!
» Qu'on sente frissonner dans toute la nature,
» Sous la feuille des nids, au seuil blanc des maisons,
» Dans l'obscur tremblement des profonds horizons,
» Un vaste emportement d'aimer, dans l'herbe verte,
» Dans l'antre, dans l'étang, dans la clairière ouverte,
» D'aimer sans fin, d'aimer toujours, d'aimer encor,
» Sous la sérénité des sombres astres d'or!
» Faites tressaillir l'air, le flot, l'aile, la bouche,
» O palpitations du grand amour farouche!
» Qu'on sente le baiser de l'être illimité!
   , vertu, bonheur, espérance, bonté,
    s, tombez des branches éternelles! »

Ainsi vous parliez, voix, grandes voix solennelles;

Et Virgile écoutait comme j'écoute, et l'eau
Voyait passer le cygne auguste, et le bouleau
Le vent, et le rocher l'écume, et le ciel sombre
L'homme... O nature! abîme! immensité de l'ombre!

Marine-Terrace, juillet 1855.

XVIII

APARITION

Je vis un ange blanc qui passait sur ma tête ;
Son vol éblouissant apaisait la tempête,
Et faisait taire au loin la mer pleine de bruit.
— Qu'est-ce que tu viens faire, ange, dans cette nuit ?
Lui dis-je. Il répondit : — Je viens prendre ton âme.
Et j'eus peur, car je vis que c'était une femme ;
Et je lui dis, tremblant et lui tendant les bras :
— Que me restera-t-il ? car tu t'envoleras.
Il ne répondit pas ; le ciel que l'ombre assiége
S'éteignait... — Si tu prends mon âme, m'écriai-je,

Où l'emporteras-tu ? Montre-moi dans quel lieu.
Il se taisait toujours. — O passant du ciel bleu !
Es-tu la mort ? lui dis-je, ou bien es-tu la vie ?
Et la nuit augmentait sur mon âme ravie,
Et l'ange devint noir, et dit : — Je suis l'amour.
Mais son front sombre était plus charmant que le jour.
Et je voyais, dans l'ombre où brillaient ses prunelles,
Les astres à travers les plumes de ses ailes.

Jersey, septembre 1855.

XIX

AU POËTE

QUI M'ENVOIE UNE PLUME D'AIGLE

—

Oui, c'est une heure solennelle !
Mon esprit, en ce jour serein,
Croit qu'un peu de gloire éternelle
Se mêle au bruit contemporain,

Puisque, dans mon humble retraite,
Je ramasse, sans me courber,

Ce qu'y laisse choir le poëte,
Ce que l'aigle y laisse tomber ;

Puisque sur ma tête fidèle
Ils ont jeté, couple vainqueur,
L'un, une plume de son aile,
L'autre, une strophe de son cœur!

Oh! soyez donc les bienvenues,
Plume, strophe, envoi glorieux!
Vous avez erré dans les nues,
Vous avez plané dans les cieux!

11 décembre.

XX

CÉRIGO

I

Tout homme qui vieillit est ce roc solitaire
Et triste, Cérigo, qui fut jadis Cythère,
Cythère aux nids charmants, Cythère aux myrtes verts,
La conque de Cypris sacrée au sein des mers.
La vie auguste, goutte à goutte, heure par heure,
S'épand sur ce qui passe et sur ce qui demeure ;
Là-bas, la Grèce brille agonisante, et l'œil
S'emplit en la voyant de lumière et de deuil ;

La terre luit; la nue est de l'encens qui fume;
Des vols d'oiseaux de mer se mêlent à l'écume;
L'azur frissonne; l'eau palpite; et les rumeurs
Sortent des vents, des flots, des barques, des rameurs;
Au loin court quelque voile hellène ou candiote,
Cythère est là, lugubre, épuisée, idiote,
Tête de mort du rêve amour, et crâne nu
Du plaisir, ce chanteur masqué, spectre inconnu.
C'est toi? Qu'as-tu donc fait de ta blanche tunique?
Cache ta gorge impure et ta laideur cynique,
O sirène ridée et dont l'hymne s'est tu!
Où donc êtes-vous, âme? étoile, où donc es-tu?
L'île qu'on adorait de Lemnos à Lépante,
Où se tordait d'amour la chimère rampante,
Où la brise baisait les arbres frémissants,
Où l'ombre disait : J'aime! où l'herbe avait des sens,
Qu'en a-t-on fait? où donc sont-ils, où donc sont-elles,
Eux, les olympiens, elles, les immortelles?
Où donc est Mars? où donc Éros? où donc Psyché?
Où donc le doux oiseau bonheur, effarouché?
Qu'en as-tu fait, rocher, et qu'as-tu fait des roses?
Qu'as-tu fait des chansons dans les soupirs écloses,
Des danses, des gazons, des bois mélodieux,
De l'ombre que faisait le passage des dieux?
Plus d'autels; ô passé! splendeurs évanouies!
Plus de vierges au seuil des antres éblouies;
Plus d'abeilles buvant la rosée et le thym.
Mais toujours le ciel bleu. C'est-à-dire, ô destin!

Un vieux, vêtu de bure, assis sur un pavé.

LES CONTEMPLATIONS, T. II.

Sur l'homme, jeune et vieux, harmonie ou souffrance,
Toujours la même mort et la même espérance.
Cérigo, qu'as-tu fait de Cythère? Nuit! deuil!
L'éden s'est éclipsé, laissant à nu l'écueil.
O naufragée, hélas! c'est donc là que tu tombes!
Les hiboux même ont peur de l'île des colombes.
Ile, ô toi qu'on cherchait! ô toi que nous fuyons,
O spectre des baisers, masure des rayons,
Tu t'appelles oubli! tu meurs, sombre captive!
Et, tandis qu'abritant quelque yole furtive,
Ton cap, où rayonnaient les temples fabuleux,
Voit passer à son ombre et sur les grands flots bleus
Le pirate qui guette ou le pêcheur d'éponges
Qui rôde, à l'horizon Vénus fuit dans les songes.

II

Vénus! que parles-tu de Vénus? elle est là.
Lève les yeux. Le jour où Dieu la dévoila
Pour la première fois dans l'aube universelle,
Elle ne brillait pas plus qu'elle n'étincelle.
Si tu veux voir l'étoile, homme, lève les yeux.
L'île des mers s'éteint, mais non l'île des cieux;
Les astres sont vivants et ne sont pas des choses

Qui s'effeuillent, un soir d'été, comme les roses.
Oui, meurs, plaisir, mais vis, amour ! ô vision,
Flambeau, nid de l'azur dont l'ange est l'alcyon,
Beauté de l'âme humaine et de l'âme divine,
Amour, l'adolescent dans l'ombre te devine,
O splendeur ! et tu fais le vieillard lumineux.
Chacun de tes rayons tient un homme en ses nœuds:
Oh ! vivez et brillez dans la brume qui tremble,
Hymens mystérieux, cœurs vieillissant ensemble,
Malheurs de l'un par l'autre avec joie adoptés,
Dévouement, sacrifice, austères voluptés,
Car vous êtes l'amour, la lueur éternelle !
L'astre sacré que voit l'âme, sainte prunelle,
Le phare de toute heure, et, sur l'horizon noir,
L'étoile du matin et l'étoile du soir !
Ce monde inférieur, où tout rampe et s'altère,
A ce qui disparaît et s'efface, Cythère,
Le jardin qui se change en rocher aux flancs nus;
La terre a Cérigo, mais le ciel a Vénus.

Juin 1855.

XXI

A M. PAUL M.

AUTEUR DU DRAME PARIS

———

Tu graves au fronton sévère de ton œuvre
Un nom proscrit que mord en sifflant la couleuvre;
Au malheur, dont le flanc saigne et dont l'œil sourit,
A la proscription et non pas au proscrit,
— Car le proscrit n'est rien que de l'ombre, moins noire
Que l'autre ombre qu'on nomme éclat, bonheur, victoire;
A l'exil pâle et nu, cloué sur des débris,
Tu donnes ton grand drame où vit le grand Paris,

Cette cité de feu, de nuit, d'airain, de verre,
Et tu fais saluer par Rome le Calvaire.
Sois loué, doux penseur, toi qui prends dans ta main
Le passé, l'avenir, tout le progrès humain,
La lumière, l'histoire, et la ville, et la France,
Tous les dictames saints qui calment la souffrance,
Raison, justice, espoir, vertu, foi, vérité,
Le parfum poésie et le vin liberté,
Et qui sur le vaincu, cœur meurtri, noir fantôme,
Te penches, et répands l'idéal comme un baume!
Paul, il me semble, grâce à ce fier souvenir
Dont tu viens nous bercer, nous sacrer, nous bénir,
Que dans ma plaie, où dort la douleur, ô poëte!
Je sens de la charpie avec un drapeau faite.

Marine-Terrace, août 1855.

XXII

Je payai le pêcheur, qui passa son chemin,
Et je pris cette bête horrible dans ma main;
C'était un être obscur comme l'onde en apporte,
Qui, plus grand, serait hydre, et, plus petit, cloporte;
Sans forme comme l'ombre, et, comme Dieu, sans nom.
Il ouvrait une bouche affreuse, un noir moignon
Sortait de son écaille; il tâchait de me mordre;
Dieu, dans l'immensité formidable de l'ordre,
Donne une place sombre à ces spectres hideux;
Il tâchait de me mordre, et nous luttions tous deux :

Ses dents cherchaient mes doigts, qu'effrayait leur approche ;
L'homme qui me l'avait vendu tourna la roche :
Comme il disparaissait, le crabe me mordit ;
Je lui dis : « Vis ! et sois béni, pauvre maudit ! »
Et je le rejetai dans la vague profonde,
Afin qu'il allât dire à l'océan qui gronde,
Et qui sert au soleil de vase baptismal,
Que l'homme rend le bien au monstre pour le mal.

Jersey, grève d'Azette, juillet 1855.

XXIII

PASTEURS ET TROUPEAUX

A MADAME LOUISE C.

Le vallon où je vais tous les jours est charmant,
Serein, abandonné, seul sous le firmament,
Plein de ronces en fleur; c'est un sourire triste.
Il vous fait oublier que quelque chose existe,
Et, sans le bruit des champs remplis de travailleurs,
On ne saurait plus là si quelqu'un vit ailleurs.
Là, l'ombre fait l'amour; l'idylle naturelle
Rit, le bouvreuil avec le verdier s'y querelle,
Et la fauvette y met de travers son bonnet ;
C'est tantôt l'aubépine et tantôt le genêt ;

De noirs granits bourrus, puis des mousses riantes ;
Car Dieu fait un poëme avec des variantes :
Comme le vieil Homère, il rabâche parfois,
Mais c'est avec les fleurs, les monts, l'onde et les bois!
Une petite mare est là, ridant sa face,
Prenant des airs de flot pour la fourmi qui passe,
Ironie étalée au milieu du gazon,
Qu'ignore l'océan grondant à l'horizon.
J'y rencontre parfois sur la roche hideuse
Un doux être : quinze ans, yeux bleus, pieds nus, gardeuse
De chèvres, habitant, au fond d'un ravin noir,
Un vieux chaume croulant qui s'étoile le soir ;
Ses sœurs sont au logis et filent leur quenouille ;
Elle essuie aux roseaux ses pieds que l'étang mouille ;
Chèvres, brebis, béliers, paissent ; quand, sombre esprit,
J'apparais, le pauvre ange a peur, et me sourit ;
Et moi, je la salue, elle étant l'innocence.
Ses agneaux, dans le pré plein de fleurs qui l'encense,
Bondissent, et chacun, au soleil s'empourprant,
Laisse aux buissons, à qui la bise le reprend,
Un peu de sa toison, comme un flocon d'écume,
Je passe ; enfant, troupeau, s'effacent dans la brume ;
Le crépuscule étend sur les longs sillons gris
Ses ailes de fantôme et de chauve-souris ;
J'entends encore au loin dans la plaine ouvrière
Chanter derrière moi la douce chevrière,
Et, là-bas, devant moi, le vieux gardien pensif
De l'écume, du flot, de l'algue, du récif,

Et des vagues sans trêve et sans fin remuées,
Le pâtre promontoire au chapeau de nuées,
S'accoude et rêve au bruit de tous les infinis,
Et dans l'ascension des nuages bénis
Regarde se lever la lune triomphale,
Pendant que l'ombre tremble, et que l'âpre rafale
Disperse à tous les vents avec son souffle amer
La laine des moutons sinistres de la mer.

Jersey, Grouville, avril 1855.

XXIV

J'ai cueilli cette fleur pour toi sur la colline,
Dans l'âpre escarpement qui sur le flot s'incline,
Que l'aigle connaît seul et peut seul approcher,
Paisible, elle croissait aux fentes du rocher.
L'ombre baignait les flancs du morne promontoire ;
Je voyais, comme on dresse au lieu d'une victoire
Un grand arc de triomphe éclatant et vermeil,
A l'endroit où s'était englouti le soleil,
La sombre nuit bâtir un porche de nuées.
Des voiles s'enfuyaient, au loin diminuées ;

Quelques toits, s'éclairant au fond d'un entonnoir,
Semblaient craindre de luire et de se laisser voir.
J'ai cueilli cette fleur pour toi, ma bien-aimée.
Elle est pâle et n'a pas de corolle embaumée.
Sa racine n'a pris sur la crête des monts
Que l'amère senteur des glauques goëmons;
Moi, j'ai dit : « Pauvre fleur, du haut de cette cime,
» Tu devais t'en aller dans cet immense abîme
» Où l'algue et le nuage et les voiles s'en vont.
» Va mourir sur un cœur, abîme plus profond.
» Fane-toi sur ce sein en qui palpite un monde.
» Le ciel, qui te créa pour t'effeuiller dans l'onde,
» Te fit pour l'océan, je te donne à l'amour. »
Le vent mêlait les flots; il ne restait du jour
Qu'une vague lueur lentement effacée.
Oh! comme j'étais triste au fond de ma pensée
Tandis que je songeais, et que le gouffre noir
M'entrait dans l'âme avec tous les frissons du soir!

Ile de Serk, août 1855.

XXV

O strophe du poëte, autrefois, dans les fleurs,
Jetant mille baisers à leurs mille couleurs,
Tu jouais et d'avril tu pillais la corbeille;
Papillon pour la rose et pour la ruche abeille,
Tu semais de l'amour et tu faisais du miel;
Ton âme bleue était presque mêlée au ciel;
Ta robe était d'azur et ton œil de lumière;
Tu criais aux chansons, tes sœurs : « Venez! chaumière,
» Hameau, ruisseau, forêt, tout chante. L'aube a lui! »
Et, douce, tu courais et tu riais. Mais lui,

Le sévère habitant de la blême caverne
Qu'en haut le jour blanchit, qu'en bas rougit l'Averne,
Le poëte qu'ont fait avant l'heure vieillard
La douleur dans la vie et le drame dans l'art,
Lui, le chercheur du gouffre obscur, le chasseur d'ombres,
Il a levé la tête un jour hors des décombres,
Et t'a saisie au vol dans l'herbe et dans les blés,
Et, malgré tes effrois et tes cris redoublés,
Toute en pleurs, il t'a prise à l'idylle joyeuse ;
Il t'a ravie aux champs, à la source, à l'yeuse,
Aux amours dans les bois près des nids palpitants ;
Et maintenant, captive et reine en même temps,
Prisonnière au plus noir de son âme profonde,
Parmi les visions qui flottent comme l'onde,
Sous son crâne à la fois céleste et souterrain,
Assise, et t'accoudant sur un trône d'airain,
Voyant dans ta mémoire, ainsi qu'une ombre vaine,
Fuir l'éblouissement du jour et de la plaine,
Par le maître gardée, et calme et sans espoir,
Tandis que, près de toi, les drames, groupe noir,
Des sombres passions feuillettent le registre,
Tu rêves dans sa nuit, Proserpine sinistre.

Jersey, novembre 1854.

XXVI

LES MALHEUREUX

A MES ENFANTS

Puisque déjà l'épreuve aux luttes vous convie,
O mes enfants ! parlons un peu de cette vie.
Je me souviens qu'un jour, marchant dans un bois noir
Où des ravins creusaient un farouche entonnoir,
Dans un de ces endroits où sous l'herbe et la ronce,
Le chemin disparaît et le ruisseau s'enfonce,
Je vis, parmi les grès, les houx, les sauvageons,
Fumer un toit bâti de chaumes et de joncs.

La fumée avait peine à monter dans les branches;
Les fenêtres étaient les crevasses des planches;
On eût dit que les rocs cachaient avec ennui
Ce logis tremblant, triste, humble; et que c'était lui
Que les petits oiseaux, sous le hêtre et l'érable,
Plaignaient, tant il était chétif et misérable!
Pensif, dans les buissons j'en cherchais le sentier.
Comme je regardais le chaume, un muletier
Passa, chantant, fouettant quelques bêtes de somme.
« Qui donc demeure là? » demandai-je à cet homme.
L'homme, tout en chantant, me dit : « Un malheureux. »

J'allai vers la masure au fond du ravin creux;
Un arbre, de sa branche où brillait une goutte,
Sembla se faire un doigt pour m'en montrer la route,
Et le vent m'en ouvrit la porte; et j'y trouvai
Un vieux, vêtu de bure, assis sur un pavé.
Ce vieillard, près d'un âtre où séchaient quelques toiles,
Dans ce bouge aux passants ouvert, comme aux étoiles,
Vivait, seul jour et nuit, sans clôture, sans chien,
Sans clef; la pauvreté garde ceux qui n'ont rien.

J'entrai; le vieux soupait d'un peu d'eau, d'une pomme,
Sans pain; et je me mis à plaindre ce pauvre homme.
— Comment pouvait-il vivre ainsi? qu'il était dur
De n'avoir même pas un volet à son mur;

L'hiver doit être affreux dans ce lieu solitaire ;
Et pas même un grabat ; il couchait donc à terre ?
Là ! sur ce tas de paille, et dans ce coin étroit !
Vous devez être mal, vous devez avoir froid,
Bon père, et c'est un sort bien triste que le vôtre !

« — Fils, dit-il doucement, allez en plaindre un autre.
» Je suis dans ces grands bois et sous le ciel vermeil,
» Et je n'ai pas de lit, fils, mais j'ai le sommeil.
» Quand l'aube luit pour moi, quand je regarde vivre
» Toute cette forêt dont la senteur m'enivre,
» Ces sources et ces fleurs, je n'ai pas de raison
» De me plaindre, je suis le fils de la maison,
» Je n'ai point fait de mal. Calme, avec l'indigence
» Et les haillons je vis en bonne intelligence,
» Et je fais bon ménage avec Dieu mon voisin.
» Je le sens près de moi dans le nid, dans l'essaim,
» Dans les arbres profonds où parle une voix douce,
» Dans l'azur où la vie à chaque instant nous pousse,
» Et dans cette ombre vaste et sainte où je suis né.
» Je ne demande à Dieu rien de trop, car je n'ai
» Pas grande ambition, et pourvu que j'atteigne
» Jusqu'à la branche où pend la mûre et la châtaigne,
» Il est content de moi, je suis content de lui.
» Je suis heureux. »

J'étais jadis, comme aujourd'hui,
Le passant qui regarde en bas, l'homme des songes.
Mes enfants, à travers les brumes, les mensonges,
Les lueurs des tombeaux, les spectres des chevets,
Les apparences d'ombre et de clarté, je vais,
Méditant, et toujours un instinct me ramène
A connaître le fond de la souffrance humaine.
L'abîme des douleurs m'attire. D'autres sont
Des sondeurs frémissants de l'océan profond ;
Ils fouillent, vent des cieux, l'onde que tu balaies,
Ils plongent dans les mers ; je plonge dans les plaies.
Leur gouffre est effrayant, mais pas plus que le mien.
Je descends plus bas qu'eux, ne leur enviant rien,
Sachant qu'à tout chercheur Dieu garde une largesse,
Content s'ils ont la perle et si j'ai la sagesse.

Or il semble, à qui voit tout ce gouffre en rêvant,
Que les justes, parmi la nuée et le vent,
Sont un vol frissonnant d'aigles et de colombes.

J'ai souvent, à genoux que je suis sur les tombes,
La grande vision du sort ; et par moment

Le destin m'apparaît, ainsi qu'un firmament
Où l'on verrait, au lieu des étoiles, des âmes.
Tout ce qu'on nomme angoisse, adversité, les flammes,
Les brasiers, les billots, bien souvent tout cela
Dans mon noir crépuscule, enfants, étincela.
J'ai vu, dans cette obscure et morne transparence,
Passer l'homme de Rome et l'homme de Florence,
Caton au manteau blanc, et Dante au fier sourcil,
L'un ayant le poignard au flanc, l'autre l'exil;
Caton était joyeux et Dante était tranquille.
J'ai vu Jeanne au poteau qu'on brûlait dans la ville,
Et j'ai dit : Jeanne d'Arc, ton noir bûcher fumant
A moins de flamboiement que de rayonnement.
J'ai vu Campanella songer dans la torture,
Et faire à sa pensée une âpre nourriture
Des chevalets, des crocs, des pinces, des réchauds,
Et de l'horreur qui flotte au plafond des cachots.
J'ai vu Thomas Morus, Lavoisier, Loiserolle,
Jane Gray, bouche ouverte ainsi qu'une corolle,
Toi, Charlotte Corday, vous, madame Roland,
Camille Desmoulins, saignant et contemplant,
Robespierre à l'œil froid, Danton aux cris superbes,
J'ai vu Jean qui parlait au désert, Malesherbes,
Egmont, André Chénier, rêveur des purs sommets,
Et mes yeux resteront éblouis à jamais
Du sourire serein de ces têtes coupées.
Coligny, sous l'éclair farouche des épées,
Resplendissait devant mon regard perdu.

Livide et radieux, Socrate m'a tendu
Sa coupe en me disant : — As-tu soif ? bois la vie.
Huss, me voyant pleurer, m'a dit : — Est-ce d'envie?
Et Thraséas, s'ouvrant les veines dans son bain,
Chantait : — Rome est le fruit du vieux rameau sabin;
Le soleil est le fruit de ces branches funèbres
Que la nuit sur nous croise et qu'on nomme ténèbres,
Et la joie est le fruit du grand arbre douleur. —
Colomb, l'envahisseur des vagues, l'oiseleur
Du sombre aigle Amérique, et l'homme que Dieu mène,
Celui qui donne un monde et reçoit une chaîne,
Colomb aux fers criait : — Tout est bien. En avant!
Saint-Just sanglant m'a dit : — Je suis libre et vivant.
Phocion m'a jeté, mourant, cette parole :
— Je crois, et je rends grâce aux dieux! — Savonarole,
Comme je m'approchais du brasier d'où sa main
Sortait, brûlée et noire et montrant le chemin,
M'a dit, en faisant signe aux flammes de se taire :
— Ne crains pas de mourir. Qu'est-ce que cette terre?
Est-ce ton corps qui fait ta joie et qui t'est cher?
La véritable vie est où n'est plus la chair.
Ne crains pas de mourir. Créature plaintive,
Ne sens-tu pas en toi comme une aile captive?
Sous ton crâne, caveau muré, ne sens-tu pas
Comme un ange enfermé qui sanglote tout bas,
Qui meurt, grandit? Le corps, époux impur de l'âme,
Plein des vils appétits d'où naît le vice infâme,
Pesant, fétide, abject, malade à tous moments,

Branlant sur sa charpente affreuse d'ossements,
Gonflé d'humeurs, couvert d'une peau qui se ride,
Souffrant le froid, le chaud, la faim, la soif aride,
Traîne un ventre hideux, s'assouvit, mange et dort,
Mais il vieillit enfin, et, lorsque vient la mort,
L'âme vers la lumière éclatante et dorée
S'envole, de ce monstre horrible délivrée. —

Une nuit que j'avais, devant mes yeux obscurs,
Un fantôme de ville et des spectres de murs,
J'ai comme au fond d'un rêve où rien n'a plus de forme,
Entendu, près des tours d'un temple au dôme énorme,
Une voix qui sortait de dessous un monceau
De blocs noirs d'où le sang coulait en long ruisseau ;
Cette voix murmurait des chants et des prières.
C'était le lapidé qui bénissait les pierres ;
Étienne le martyr, qui disait : — O mon front,
Rayonne ! Désormais les hommes s'aimeront ;
Jésus règne. O mon Dieu ! récompensez les hommes,
Ce sont eux qui nous font les élus que nous sommes.
Joie ! amour ! pierre à pierre, ô Dieu ! je vous le dis,
Mes frères m'ont jeté le seuil du paradis ! —

———

Elle était là debout, la mère douloureuse.
L'obscurité farouche, aveugle, sourde, affreuse,

Pleurait de toutes parts autour du Golgotha.
Christ, le jour devint noir quand on vous en ôta,
Et votre dernier souffle emporta la lumière.
Elle était là debout près du gibet, la mère !
Et je me dis : Voilà la douleur ! et je vins.
— Qu'avez-vous donc, lui dis-je, entre vos doigts divins ?
Alors, aux pieds du Fils saignant du coup de lance,
Elle leva sa droite et l'ouvrit en silence,
Et je vis dans sa main l'étoile du matin.

Quoi ! ce deuil-là, Seigneur, n'est pas même certain !
Et la mère, qui râle au bas de la croix sombre,
Est consolée, ayant les soleils dans son ombre,
Et, tandis que ses yeux hagards pleurent du sang,
Elle sent une joie immense en se disant :
— Mon fils est Dieu ! mon fils sauve la vie au monde ! —
Et pourtant où trouver plus d'épouvante immonde,
Plus d'effroi, plus d'angoisse et plus de désespoir
Que dans ce temps lugubre où le genre humain noir,
Frissonnant du banquet autant que du martyre,
Entend pleurer Marie et Trimalcion rire !

Mais la foule s'écrie : — Oui, sans doute, c'est beau,
Le martyre, la mort, quand c'est un grand tombeau !

Quand on est un Socrate, un Jean Huss, un Messie !
Quand on s'appelle vie, avenir, prophétie !
Quand l'encensoir s'allume au feu qui vous brûla,
Quand les siècles, les temps et les peuples sont là
Qui vous dressent, parmi leurs brumes et leurs voiles,
Un cénotaphe énorme au milieu des étoiles,
Si bien que la nuit semble être le drap du deuil,
Et que les astres sont les cierges du cercueil !
Le billot tenterait même le plus timide
Si sa bière dormait sous une pyramide.
Quand on marche à la mort, recueillant en chemin
La bénédiction de tout le genre humain,
Quand des groupes en pleurs baisent vos traces fières,
Quand on s'entend crier par les murs, par les pierres,
Et jusqu'e par les gonds du seuil de sa prison :
« Tu vas de ta mémoire éclairer l'horizon ;
» Fantôme éblouissant, tu vas dorer l'histoire,
» Et, vêtu de ta mort comme d'une victoire,
» T'asseoir au fronton bleu des hommes immortels ! »
Lorsque les échafauds ont des aspects d'autels,
Qu'on se sent admiré du bourreau qui vous tue,
Que le cadavre va se relever statue,
Mourant plein de clarté, d'aube, de firmament,
D'éclat, d'honneur, de gloire, on meurt facilement !
L'homme est si vaniteux, qu'il rit à la torture
Quand c'est une royale et tragique aventure,
Quand c'est une tenaille immense qui le mord.
Quand les durs instruments d'agonie et de mort

Sortent de quelque forge inouïe et géante,
Notre orgueil, oubliant la blessure béante,
Se console des clous en voyant le marteau.
Avoir une montagne auguste pour poteau,
Être battu des flots ou battu des nuées,
Entendre l'univers plein de vagues huées,
Murmurer : — Regardez ce colosse! les nœuds,
Les fers et les carcans le font plus lumineux!
C'est le vaincu Rayon, le damné Météore!
Il a volé la foudre et dérobé l'aurore! —
Être un supplicié du gouffre illimité,
Être un Titan cloué sur une énormité,
Cela plaît. On veut bien des maux qui sont sublimes;
Et l'on se dit : Souffrons, mais souffrons sur les cimes!

Eh bien, non! — Le sublime est en bas. Le grand choix,
C'est de choisir l'affront. De même que parfois
La pourpre est déshonneur, souvent la fange est lustre.
La boue imméritée atteignant l'âme illustre,
L'opprobre, ce cachot d'où l'auréole sort,
Le cul de basse-fosse où nous jette le sort,
Le fond noir de l'épreuve où le malheur nous traîne,
Sont le comble éclatant de la grandeur sereine.
Et, quand, dans le supplice où nous devons lutter,
Le lâche destin va jusqu'à nous insulter,
Quand sur nous il entasse outrage, rire, blâme,
Et tant de contre-sens entre le sort et l'âme,

Que notre vie arrive à la difformité,
La laideur de l'épreuve en devient la beauté.
C'est Samson à Gaza, c'est Épictète à Rome;
L'abjection du sort fait la gloire de l'homme.
Plus de brume ne fait que couvrir plus d'azur.
Ce que l'homme ici-bas peut avoir de plus pur,
De plus beau, de plus noble en ce monde où l'on pleure,
C'est chute, abaissement, misère extérieure,
Acceptés pour garder la grandeur du dedans.
Oui, tous les chiens de l'ombre, autour de vous grondants,
Le blâme ingrat, la haine aux fureurs coutumière,
Oui, tomber dans la nuit quand c'est pour la lumière,
Faire horreur, n'être plus qu'un ulcère, indigner
L'homme heureux, et qu'on raille en vous voyant saigner,
Et qu'on marche sur vous, qu'on vous crache au visage,
Quand c'est pour la vertu, pour le vrai, pour le sage,
Pour le bien, pour l'honneur, il n'est rien de plus doux.
Quelle splendeur qu'un juste abandonné de tous,
N'ayant plus qu'un haillon dans le mal qui le mine,
Et jetant aux dédains, au deuil, à la vermine,
A sa plaie, aux douleurs, de tranquilles défis!
Même quand Prométhée est là, Job, tu suffis
Pour faire le fumier plus haut que le Caucase.

Le juste, méprisé comme un ver qu'on écrase,
M'éblouit d'autant plus que nous le blasphémons.
Ce que les froids bourreaux à faces de démons

Mêlent avec leur main monstrueuse et servile
A l'exécution pour la rendre plus vile
Grandit le patient au regard de l'esprit.
O croix! les deux voleurs sont deux rayons du Christ!

———

Ainsi tous les souffrants m'ont apparu splendides,
Satisfaits, radieux, doux, souverains, candides,
Heureux, la plaie au sein, la joie au cœur : les uns
Jetés dans la fournaise et devenant parfums;
Ceux-là jetés aux nuits et devenant aurores;
Les croyants, dévorés dans les cirques sonores,
Râlaient un chant aux pieds des bêtes étouffés;
Les penseurs souriaient aux noirs autodafés,
Aux glaives, aux carcans, aux chemises de soufre;
Et je me suis alors écrié : Qui donc souffre?
Pour qui donc, si le sort, ô Dieu! n'est pas moqueur,
Toute cette pitié que tu m'as mise au cœur?
Qu'en dois-je faire? à qui faut-il que je la garde!
Où sont les malheureux?— Et Dieu m'a dit :— Regarde.

———

Et j'ai vu des palais, des fêtes, des festins,
Des femmes qui mêlaient leurs blancheurs aux satins,

Des murs hautains ayant des jaspes pour écorces,
Des serpents d'or roulés dans des colonnes torses,
Avec de vastes dais pendant aux grands plafonds;
Et j'entendais chanter :—Jouissons! triomphons!—
Et les lyres, les luths, les clairons dont le cuivre
A l'air de se dissoudre en fanfare et de vivre,
Et l'orgue, devant qui l'ombre écoute et se tait,
Tout un orchestre énorme et monstrueux chantait;
Et ce triomphe était rempli d'hommes superbes
Qui riaient et portaient toute la terre en gerbes,
Et dont les fronts dorés, brillants, audacieux,
Fiers, semblaient s'achever en astres dans les cieux.
Et, pendant qu'autour d'eux des voix criaient :—Victoire
A jamais! à jamais force, puissance et gloire!
Et fête dans la ville! et joie à la maison!—
Je voyais, au-dessus du livide horizon,
Trembler le glaive immense et sombre de l'archange.

Ils s'épanouissaient dans une aurore étrange,
Ils vivaient dans l'orgueil comme dans leur cité,
Et semblaient ne sentir que leur félicité.
Et Dieu les a tous pris alors l'un après l'autre,
Le puissant, le repu, l'assouvi qui se vautre,
Le czar dans son Kremlin, l'iman au bord du Nil,
Comme on prend les petits d'un chien dans un chenil,
Et, comme il fait le jour sous les vagues marines,
M'ouvrant avec ses mains ces profondes poitrines,

Et fouillant de son doigt de rayons pénétré
Leurs entrailles, leur foie et leurs reins, m'a montré
Des hydres qui rongeaient le dedans de ces âmes.

Et j'ai vu tressaillir ces hommes et ces femmes ;
Leur visage riant comme un masque est tombé,
Et leur pensée, un monstre effroyable et courbé,
Une naine hagarde, inquiète, bourrue,
Assise sous leur crâne affreux, m'est apparue.
Alors, tremblant, sentant chanceler mes genoux,
Je leur ai demandé : « Mais qui donc êtes-vous ? »
Et ces êtres n'ayant presque plus face d'homme
M'ont dit : « Nous sommes ceux qui font le mal ; et, comme
» C'est nous qui le faisons, c'est nous qui le souffrons ! »

Oh ! le nuage vain des pleurs et des affronts
S'envole, et la douleur passe en criant : Espère !
Vous me l'avez fait voir et toucher, ô vous, Père,
Juge, vous le grand juste et vous le grand clément !
Le rire du succès et du triomphe ment ;
Un invisible doigt caressant se promène
Sous chacun des chaînons de la misère humaine ;

L'adversité soutient ceux qu'elle fait lutter ;
L'indigence est un bien pour qui sait la goûter ;
L'harmonie éternelle autour du pauvre vibre
Et le berce ; l'esclave, étant une âme, est libre,
Et le mendiant dit : Je suis riche, ayant Dieu.
L'innocence aux tourments jette ce cri : C'est peu.
La difformité rit dans Ésope, et la fièvre
Dans Scarron ; l'agonie ouvre aux hymnes sa lèvre ;
Quand je dis : « La douleur est-elle un mal ? » Zénon
Se dresse devant moi paisible, et me dit : « Non. »
Oh ! le martyre est joie et transport, le supplice
Est volupté, les feux du bûcher sont délice,
La souffrance est plaisir, la torture est bonheur ;
Il n'est qu'un malheureux : c'est le méchant, Seigneur.

———

Aux premiers jours du monde, alors que la nuée,
Surprise, contemplait chaque chose créée,
Alors que sur le globe, où le mal avait crû,
Flottait une lueur de l'Éden disparu,
Quand tout encor semblait être rempli d'aurore,
Quand sur l'arbre du temps les ans venaient d'éclore,

Sur la terre, où la chair avec l'esprit se fond,
Il se faisait le soir un silence profond,
Et le désert, les bois, l'onde aux vastes rivages,
Et les herbes des champs, et les bêtes sauvages,
Émus, et les rochers, ces ténébreux cachots,
Voyaient, d'un antre obscur couvert d'arbres si hauts,
Que nos chênes auprès sembleraient des arbustes,
Sortir deux grands vieillards, nus, sinistres, augustes.
C'étaient Ève aux cheveux blanchis, et son mari,
Le pâle Adam, pensif, par le travail meurtri,
Ayant la vision de Dieu sous sa paupière.
Ils venaient tous les deux s'asseoir sur une pierre,
En présence des monts fauves et soucieux,
Et de l'éternité formidable des cieux.
Leur œil triste rendait la nature farouche;
Et là, sans qu'il sortît un souffle de leur bouche,
Les mains sur leurs genoux et se tournant le dos,
Accablés comme ceux qui portent des fardeaux,
Sans autre mouvement de vie extérieure
Que de baisser plus bas la tête d'heure en heure,
Dans une stupeur morne et fatale absorbés,
Froids, livides, hagards, ils regardaient, courbés
Sous l'être illimité sans figure et sans nombre,
L'un décroître le jour, et l'autre, grandir l'ombre;
Et, tandis que montaient les constellations,
Et que la première onde aux premiers alcyons
Donnait sous l'infini le long baiser nocturne,
Et qu'ainsi que des fleurs tombant à flots d'une urne

Les astres fourmillants emplissaient le ciel noir,
Ils songeaient, et, rêveurs, sans entendre, sans voir,
Sourds aux rumeurs des mers d'où l'ouragan s'élance,
Toute la nuit, dans l'ombre, ils pleuraient en silence;
Ils pleuraient tous les deux, aïeux du genre humain,
Le père sur Abel, la mère sur Caïn.

Marine-Terrace, septembre 1855.

LIVRE SIXIÈME

AU BORD DE L'INFINI

I

LE PONT

J'avais devant les yeux les ténèbres. L'abîme
Qui n'a pas de rivage et qui n'a pas de cime
Était là, morne, immense ; et rien n'y remuait.
Je me sentais perdu dans l'infini muet.
Au fond, à travers l'ombre, impénétrable voile,
On apercevait Dieu comme une sombre étoile.
Je m'écriai : — Mon âme, ô mon âme ! il faudrait,
Pour traverser ce gouffre où nul bord n'apparaît,
Et pour qu'en cette nuit jusqu'à ton Dieu tu marches,
Bâtir un pont géant sur des millions d'arches.

Qui le pourra jamais? Personne! ô deuil! effroi!
Pleure! — Un fantôme blanc se dressa devant moi
Pendant que je jetais sur l'ombre un œil d'alarme,
Et ce fantôme avait la forme d'une larme;
C'était un front de vierge avec des mains d'enfant;
Il ressemblait au lis que la blancheur défend;
Ses mains en se joignant faisaient de la lumière.
Il me montra l'abîme où va toute poussière,
Si profond, que jamais un écho n'y répond;
Et me dit : — Si tu veux je bâtirai le pont.
Vers ce pâle inconnu je levai ma paupière.
—Quel est ton nom? lui dis-je. Il me dit :—La prière.

Jersey, décembre 1852.

II

IBO

—

Dites, pourquoi, dans l'insondable
　　Au mur d'airain,
Dans l'obscurité formidable
　　Du ciel serein,

Pourquoi, dans ce grand sanctuaire
　　Sourd et béni,

Pourquoi, sous l'immense suaire
   De l'infini,

Enfouir vos lois éternelles
   Et vos clartés?
Vous savez bien que j'ai des ailes,
   O vérités!

Pourquoi vous cachez-vous dans l'ombre
   Qui nous confond?
Pourquoi fuyez-vous l'homme sombre
   Au vol profond?

Que le mal détruise ou bâtisse,
   Rampe ou soit roi,
Tu sais bien que j'irai, Justice,
   J'irai vers toi!

Beauté sainte, Idéal qui germes
   Chez les souffrants,
Toi par qui les esprits sont fermes
   Et les cœurs grands,

Vous le savez, vous que j'adore,
 Amour, Raison,
Qui vous levez comme l'aurore
 Sur l'horizon,

Foi, ceinte d'un cercle d'étoiles,
 Droit, bien de tous,
J'irai, Liberté qui te voiles,
 J'irai vers vous!

Vous avez beau, sans fin, sans borne,
 Lueurs de Dieu,
Habiter la profondeur morne
 Du gouffre bleu,

Ame à l'abîme habituée
 Dès le berceau,
Je n'ai pas peur de la nuée;
 Je suis oiseau.

Je suis oiseau comme cet être
 Qu'Amos rêvait,
Que saint Marc voyait apparaître
 A son chevet,

Qui mêlait sur sa tête fière,
Dans les rayons,
L'aile de l'aigle à la crinière
Des grands lions.

J'ai des ailes. J'aspire au faîte ;
Mon vol est sûr ;
J'ai des ailes pour la tempête
Et pour l'azur.

Je gravis les marches sans nombre.
Je veux savoir,
Quand la science serait sombre
Comme le soir !

Vous savez bien que l'âme affronte
Ce noir degré,
Et que, si haut qu'il faut qu'on monte,
J'y monterai !

Vous avez bien que l'âme est forte
Et ne craint rien
Quand le souffle de Dieu l'emporte !
Vous savez bien

Que j'irai jusqu'aux bleus pilastres,
    Et que mon pas,
Sur l'échelle qui monte aux astres,
    Ne tremble pas!

L'homme en cette époque agitée,
    Sombre océan,
Doit faire comme Prométhée
    Et comme Adam.

Il doit ravir au ciel austère
    L'éternel feu;
Conquérir son propre mystère,
    Et voler Dieu.

L'homme a besoin, dans sa chaumière,
    Des vents battu,
D'une loi qui soit sa lumière
    Et sa vertu.

Toujours ignorance et misère!
    L'homme en vain fuit,
Le sort le tient; toujours la serre!
    Toujours la nuit!

Il faut que le peuple s'arrache
Au dur décret,
Et qu'enfin ce grand martyr sache
Le grand secret !

Déjà l'amour, dans l'ère obscure
Qui va finir,
Dessine la vague figure
De l'avenir.

Les lois de nos destins sur terre,
Dieu les écrit ;
Et, si ces lois sont le mystère,
Je suis l'esprit.

Je suis celui que rien n'arrête,
Celui qui va,
Celui dont l'âme est toujours prête
A Jéhovah ;

Je suis le poëte farouche,
L'homme devoir,
Le souffle des douleurs, la bouche
Du clairon noir ;

Le rêveur qui sur ses registres
    Met les vivants,
Qui mêle des strophes sinistres
    Aux quatre vents ;

Le songeur ailé, l'âpre athlète
    Aux bras nerveux,
Et je traînerais la comète
    Par les cheveux.

Donc, les lois de notre problème,
    Je les aurai ;
J'irai vers elles, penseur blême,
    Mage effaré !

Pourquoi cacher ces lois profondes ?
    Rien n'est muré.
Dans vos flammes et dans vos ondes
    Je passerai ;

J'irai lire la grande bible ;
    J'entrerai nu
Jusqu'au tabernacle terrible
    De l'inconnu ;

Jusqu'au seuil de l'ombre et du vide,
Gouffres ouverts
Que garde la meute livide
Des noirs éclairs;

Jusqu'aux portes visionnaires
Du ciel sacré;
Et, si vous aboyez, tonnerres,
Je rugirai.

Au dolmen de Rozel, anvier 1853.

III

Un spectre m'attendait dans un grand angle d'ombre,
Et m'a dit :

— Le muet habite dans le sombre,
L'infini rêve, avec un visage irrité.
L'homme parle et dispute avec l'obscurité,
Et la larme de l'œil rit du bruit de la bouche.
Tout ce qui vous emporte est rapide et farouche.

Sais-tu pourquoi tu vis ? sais-tu pourquoi tu meurs ?
Les vivants orageux passent dans les rumeurs,
Chiffres tumultueux, flots de l'océan Nombre.
Vous n'avez rien à vous qu'un souffle dans de l'ombre;
L'homme est à peine né, qu'il est déjà passé,
Et c'est avoir fini que d'avoir commencé.
Derrière le mur blanc, parmi les herbes vertes,
La fosse obscure attend l'homme, lèvres ouvertes.
La mort est le baiser de la bouche tombeau.
Tâche de faire un peu de bien, coupe un lambeau
D'une bonne action dans cette nuit qui gronde;
Ce sera ton linceul dans la terre profonde.
Beaucoup s'en sont allés qui ne reviendront plus
Qu'à l'heure de l'immense et lugubre reflux;
Alors on entendra des cris. Tâche de vivre;
Crois. Tant que l'homme vit, Dieu pensif lit son livre,
L'homme meurt quand Dieu fait au coin du livre un pli.
L'espace sait, regarde, écoute. Il est rempli
D'oreilles sous la tombe, et d'yeux dans les ténèbres,
Les morts, ne marchant plus, dressent leurs pieds funèbres,
Les feuilles sèches vont et roulent sous les cieux.
Ne sens-tu pas souffler le vent mystérieux ?

Au dolmen de Rozel, avril 1853.

IV

Écoutez. Je suis Jean. J'ai vu des choses sombres.
J'ai vu l'ombre infinie où se perdent les nombres,
J'ai vu les visions que les réprouvés font,
Les engloutissements de l'abîme sans fond;
J'ai vu le ciel, l'éther, le chaos et l'espace.
Vivants! puisque j'en viens, je sais ce qui s'y passe;
Je vous affirme à tous, écoutez bien ma voix,
J'affirme même à ceux qui vivent dans les bois,
Que le Seigneur, le Dieu des esprits, des prophètes,
Voit ce que vous pensez et sait ce que vous faites.

C'est bien. Continuez, grands, petits, jeunes, vieux!
Que l'avare soit tout à l'or, que l'envieux
Rampe et morde en rampant, que le glouton dévore,
Que celui qui faisait le mal le fasse encore,
Que celui qui fut lâche et vil le soit toujours!
Voyant vos passions, vos fureurs, vos amours,
J'ai dit à Dieu : « Seigneur, jugez où nous en sommes,
» Considérez la terre et regardez les hommes.
» Ils brisent tous les nœuds qui devaient les unir. »
Et Dieu m'a répondu : « Certes, je vais venir! »

Serk, juillet 1853.

V

CROIRE; MAIS PAS EN NOUS

Parce qu'on a porté du pain, du linge blanc,
A quelque humble logis sous les combles tremblant
Comme le nid parmi les feuilles inquiètes;
Parce qu'on a jeté ses restes et ses miettes
Au petit enfant maigre, au vieillard pâlissant,
Au pauvre qui contient l'éternel tout-puissant;
Parce qu'on a laissé Dieu manger sous sa table,
On se croit vertueux, on se croit charitable!
On dit : « Je suis parfait! louez-moi; me voilà! »
Et, tout en blâmant Dieu de ceci, de cela,

De ce qu'il pleut, du mal dont on le dit la cause,
Du chaud, du froid, on fait sa propre apothéose.
Le riche qui gorgé, repu, fier, paresseux,
Laisse un peu d'or rouler de son palais sur ceux
Que le noir janvier glace et que la faim harcelle,
Ce riche-là, qui brille et donne une parcelle
De ce qu'il a de trop à qui n'a pas assez,
Et qui, pour quelques sous du pauvre ramassés,
S'admire et ferme l'œil sur sa propre misère,
S'il a le superflu, n'a pas le nécessaire :
La justice ; et le loup rit dans l'ombre en marchant
De voir qu'il se croit bon pour n'être pas méchant.
Nous bons! nous fraternels! ô fange et pourriture!
Mais tournez donc vos yeux vers la mère nature !
Que sommes-nous, cœurs froids où l'égoïsme bout,
Auprès de la bonté suprême éparse en tout?
Toutes nos actions ne valent pas la rose.
Dès que nous avons fait par hasard quelque chose,
Nous nous vantons, hélas! vains souffles qui fuyons!
Dieu donne l'aube au ciel sans compter les rayons,
Et la rosée aux fleurs sans mesurer les gouttes ;
Nous sommes le néant ; nos vertus tiendraient toutes
Dans le creux de la pierre où vient boire l'oiseau.
L'homme est l'orgueil du cèdre emplissant le roseau.
Le meilleur n'est pas bon, vraiment, tant l'homme est frêle
Et tant notre fumée à nos vertus se mêle!
Le bienfait par nos mains pompeusement jeté
S'évapore aussitôt dans notre vanité ;

Même en le prodiguant aux pauvres d'un air tendre,
Nous avons tant d'orgueil, que notre or devient cendre ;
Le bien que nous faisons est spectre comme nous.
L'Incréé, seul vivant, seul terrible et seul doux,
Qui juge, aime, pardonne, engendre, construit, fonde,
Voit nos hauteurs avec une pitié profonde.
Ah! rapides passants! ne comptons pas sur nous,
Comptons sur lui. Pensons et vivons à genoux ;
Tâchons d'être sagesse, humilité, lumière ;
Ne faisons point un pas qui n'aille à la prière ;
Car nos perfections rayonneront bien peu
Après la mort, devant l'étoile et le ciel bleu.
Dieu seul peut nous sauver. C'est un rêve de croire
Que nos lueurs d'en bas sont là-haut de la gloire ;
Si lumineux qu'il ait paru dans notre horreur,
Si doux qu'il ait été pour nos cœurs pleins d'erreur,
Quoi qu'il ait fait, celui que sur la terre on nomme
Juste, excellent, pur, sage et grand, là-haut est l'homme,
C'est-à-dire la nuit en présence du jour ;
Son amour semble haine auprès du grand amour ;
Et toutes ses splendeurs, poussant des cris funèbres,
Disent en voyant Dieu : Nous sommes les ténèbres!
Dieu, c'est le seul azur dont le monde ait besoin.
L'abîme en en parlant prend l'atome à témoin.
Dieu seul est grand! c'est là le psaume du brin d'herbe ;
Dieu seul est vrai! c'est là l'hymne du flot superbe ;
Dieu seul est bon! c'est là le murmure des vents ;
Ah! ne vous faites pas d'illusions, vivants!

Et d'où sortez-vous donc, pour croire que vous êtes
Meilleurs que Dieu, qui met les astres sur vos têtes,
Et qui vous éblouit, à l'heure du réveil,
De ce prodigieux sourire, le soleil?

Marine-Terrace, décembre 1854.

VI

PLEURS DANS LA NUIT

I

Je suis l'être incliné qui jette ce qu'il pense;
Qui demande à la nuit le secret du silence;
    Dont la brume emplit l'œil;
Dans une ombre sans fond mes paroles descendent,
Et les choses sur qui tombent mes strophes rendent
    Le son creux du cercueil.

Mon esprit, qui du doute a senti la piqûre,
Habite, âpre songeur, la rêverie obscure
    Aux flots plombés et bleus,
Lac hideux où l'horreur tord ses bras, pâle nymphe,
Et qui fait boire une eau morte comme la lymphe
    Aux rochers scrofuleux.

Le Doute, fils bâtard de l'aïeule Sagesse,
Crie : — A quoi bon ? — devant l'éternelle largesse,
    Nous fait tout oublier,
S'offre à nous, morne abri, dans nos marches sans nombre,
Nous dit : — Es-tu las ? Viens ! — et l'homme dort à l'ombre
    De ce mancenillier.

L'effet pleure et sans cesse interroge la cause,
La création semble attendre quelque chose.
    L'homme à l'homme est obscur.
Où donc commence l'âme ? où donc finit la vie ?
Nous voudrions, c'est là notre incurable envie,
    Voir par-dessus le mur.

Nous rampons, oiseaux pris sous le filet de l'être ;
Libres et prisonniers, l'immuable pénètre
    Toutes nos volontés ;
Captifs sous le réseau des choses nécessaires,
Nous sentons se lier des fils à nos misères
    Dans les immensités.

II

Nous sommes au cachot ; la porte est inflexible ;
Mais, dans une main sombre, inconnue, invisible,
    Qui passe par moment,
A travers l'ombre, espoir des âmes sérieuses,
On entend le trousseau des clefs mystérieuses
    Sonner confusément.

La vision de l'être emplit les yeux de l'homme.
Un mariage obscur sans cesse se consomme
    De l'ombre avec le jour ;
Ce monde, est-ce un éden tombé dans la géhenne ?
Nous avons dans le cœur des ténèbres de haine
    Et des clartés d'amour.

La création n'a qu'une prunelle trouble.
L'être éternellement montre sa face double,
    Mal et bien, glace et feu ;
L'homme sent à la fois, âme pure et chair sombre,
La morsure du ver de terre au fond de l'ombre
    Et le baiser de Dieu.

Mais, à de certains jours, l'âme est comme une veuve.
Nous entendons gémir les vivants dans l'épreuve,
    Nous doutons, nous tremblons,
Pendant que l'aube épand ses lumières sacrées
Et que mai sur nos seuils mêle les fleurs dorées
    Avec les enfants blonds.

Qu'importe la lumière, et l'aurore, et les astres,
Fleurs des chapiteaux bleus, diamants des pilastres
    Du profond firmament,
Et mai qui nous caresse, et l'enfant qui nous charme,
Si tout n'est qu'un soupir, si tout n'est qu'une larme,
    Si tout n'est qu'un moment!

III

Le sort nous use au jour, triste meule qui tourne.
L'homme inquiet et vain croit marcher, il séjourne;
    Il expire en créant.
Nous avons la seconde et nous rêvons l'année;
Et la dimension de notre destinée,
    C'est poussière et néant.

L'abîme où les soleils sont les égaux des mouches,
Nous tient; nous n'entendons que des sanglots farouches
　　　　Ou des rires moqueurs;
Vers la cible d'en haut qui dans l'azur s'élève,
Nous lançons nos projets, nos vœux, l'espoir, le rêve,
　　　　Ces flèches de nos cœurs.

Nous voulons durer, vivre, être éternels. O cendre!
Où donc est la fourmi qu'on appelle Alexandre?
　　　　Où donc le ver César?
En tombant sur nos fronts, la minute nous tue.
Nous passons, noir essaim, foule de deuil vêtue,
　　　　Comme le bruit d'un char.

Nous montons à l'assaut du temps comme une armée.
Sur nos groupes confus, que voile la fumée
　　　　Des jours évanouis,
L'énorme éternité luit, splendide et stagnante;
Le cadran, bouclier de l'heure rayonnante,
　　　　Nous terrasse éblouis!

IV

A l'instant où l'on dit : Vivons! tout se déchire,
Les pleurs subitement descendent sur le rire.
　　　　Tête nue! à genoux!

Tels fils sont morts, mon père est mort, leur mère est morte.
O deuil! qui passe là? C'est un cercueil qu'on porte.
     A qui le portez-vous?

Ils le portent à l'ombre, au silence, à la terre;
Ils le portent au calme obscur, à l'aube austère,
     A la brume sans bords,
Au mystère qui tord ses anneaux sous des voiles,
Au serpent inconnu qui lèche les étoiles
     Et qui baise les morts!

V

Ils le portent aux vers, au néant, à Peut-Être!
Car la plupart d'entre eux n'ont point vu le jour naître;
     Sceptiques et bornés,
La négation morne et la matière hostile,
Flambeaux d'aveuglement, troublent l'âme inutile
     De ces infortunés.

Pour eux le ciel ment, l'homme est un songe, et croit vivre;
Ils ont beau feuilleter page à page le livre,
     Ils ne comprennent pas;

Ils vivent en hochant la tête, et, dans le vide,
L'écheveau ténébreux que le doute dévide
  Se mêle sous leurs pas.

Pour eux l'âme naufrage avec le corps qui sombre,
Leur rêve a les yeux creux et regarde de l'ombre;
  Rien est le mot du sort;
Et chacun d'eux, riant de la voûte étoilée,
Porte en son cœur, au lieu de l'espérance ailée,
  Une tête de mort.

Sourds à l'hymne des bois, au sombre cri de l'orgue,
Chacun d'eux est un champ plein de cendre, une morgue
  Où pendent des lambeaux,
Un cimetière où l'œil des frémissants poëtes
Voit planer l'ironie et toutes ses chouettes,
  L'ombre et tous ses corbeaux.

Quand l'astre et le roseau leur disent : Il faut croire,
Ils disent au jonc vert, à l'astre en sa nuit noire :
  Vous êtes insensés!
Quand l'arbre leur murmure à l'oreille : Il existe,
Ces fous répondent : Non! et, si le chêne insiste,
  Ils lui disent : Assez!

Quelle nuit! le semeur nié par la semence!
L'univers n'est pour eux qu'une vaste démence,
  Sans but et sans milieu;
Leur âme, en agitant l'immensité profonde,
N'y sent même pas l'être, et dans le grelot monde
  N'entend pas sonner Dieu!

VI

Le corbillard franchit le seuil du cimetière.
Le gai matin, qui rit à la nature entière,
  Resplendit sur ce deuil;
Tout être a son mystère où l'on sent l'âme éclore,
Et l'offre à l'infini; l'astre apporte l'aurore,
  Et l'homme le cercueil.

Le dedans de la fosse apparaît, triste crèche.
Des pierres par endroits percent la terre fraîche,
  Et l'on entend le glas;
Elles semblent s'ouvrir ainsi que des paupières,
Et le papillon blanc dit: « Qu'ont donc fait ces pierres? »
  Et la fleur dit: « Hélas! »

VII

Est-ce que par hasard ces pierres sont punies,
Dieu vivant, pour subir de telles agonies?
      Ah! ce que nous souffrons
N'est rien...—Pas plus que l'arbre en proie aux froides bises,
Sous cette forme horrible, est-ce que les Cambyses,
      Est-ce que les Nérons,

Après avoir tenu les peuples dans leur serre,
Et crucifié l'homme au noir gibet misère,
      Mis le monde en lambeaux,
Souillé l'âme, et changé, sous le vent des désastres,
L'univers en charnier, et fait monter aux astres
      La vapeur des tombeaux,

Après avoir passé joyeux dans la victoire,
Dans l'orgueil, et partout imprimé sur l'histoire
      Leurs ongles furieux,
Et, monstres qu'entrevoit l'homme en ses léthargies,
Après avoir sur terre été les effigies
      Du mal mystérieux,

Après avoir peuplé les prisons élargies,
Et versé tant de meurtre aux vastes mers rougies,
    Tant de morts, glaive au flanc,
Tant d'ombre, et de carnage, et d'horreurs inconnues,
Que le soleil, le soir, hésitait dans les nues
    Devant ce bain sanglant;

Après avoir mordu le troupeau que Dieu mène,
Et tourné tour à tour de la torture humaine
    L'atroce cabestan,
Et régné sous la pourpre et sous le laticlave,
Et plié six mille ans Adam, le vieil esclave,
    Sous le vieux roi Satan;

Est-ce que le chasseur Nemrod, Sforce le pâtre,
Est-ce que Messaline, est-ce que Cléopâtre,
    Caligula, Macrin,
Et les Achabs, par qui renaissaient les Sodomes,
Et Phalaris, qui fit du hurlement des hommes
    La clameur de l'airain;

Est-ce que Charles Neuf, Constantin, Louis Onze,
Vitellius, la fange, et Busiris, le bronze,
    Les Cyrus dévorants,
Les Égisthes montrés du doigt par les Électres,
Seraient, dans cette nuit, d'hommes devenus spectres,
    Et pierres de tyrans?

Est-ce que ces cailloux, tout pénétrés de crimes,
Dans l'horreur étouffés, scellés dans les abîmes,
    Enviant l'ossement;
Sans air, sans mouvement, sans jour, sans yeux, sans bouche,
Entre l'herbe sinistre et le cercueil farouche,
    Vivraient affreusement?

Est-ce que ce seraient des âmes condamnées,
Des maudits qui, pendant des millions d'années,
    Seuls avec le remords,
Au lieu de voir, des yeux de l'astre solitaire,
Sortir les rayons d'or, verraient les vers de terre
    Sortir des yeux des morts?

Homme et roche, exister, noir dans l'ombre vivante!
Songer, pétrifié dans sa propre épouvante!
    Rêver l'éternité!
Dévorer ses fureurs, confusément rugies!
Êtres pris, ouragan de crimes et d'orgies,
    Dans l'immobilité!

Punition! problème obscur! questions sombres!
Quoi! ce caillou dirait: — J'ai mis Thèbe en décombres!
    J'ai vu Suze à genoux!
J'étais Bélus à Tyr! j'étais Sylla dans Rome!
Noire captivité des vieux démons de l'homme!
    O pierres, qu'êtes-vous?

Qu'a fait ce bloc, béant dans la fosse insalubre?
Glacé du froid profond de la terre lugubre,
    Informe et châtié,
Aveugle, même aux feux que la nuit réverbère,
Il pense et se souvient... — Quoi! ce n'est que Tibère!
    Seigneur, ayez pitié!

Ce dur silex noyé dans la terre, âpre, fruste,
Couvert d'ombre, pendant que le ciel s'ouvre au juste
    Qui s'y réfugia,
Jaloux du chien qui jappe et de l'âne qui passe,
Songe et dit : Je suis là! — Dieu vivant, faites grâce!
    Ce n'est que Borgia!

O Dieu bon! penchez-vous sur tous ces misérables;
Sauvez ces submergés, aimez ces exécrables;
    Ouvrez les soupiraux!
Au nom des innocents, Dieu, pardonnez aux crimes.
Père, fermez l'enfer. Juge, au nom des victimes,
    Grâce pour les bourreaux!

De toutes parts s'élève un cri : Miséricorde!
Les peuples nus, liés, fouettés à coups de corde,
    Lugubres travailleurs,
Voyant leur maître en proie aux châtiments sublimes,
Ont pitié du despote, et, saignant de ses crimes,
    Pleurent de ses douleurs;

Les pâles nations regardent dans le gouffre,
Et ces grands suppliants, pour le tyran qui souffre,
      T'implorent, Dieu jaloux ;
L'esclave mis en croix, l'opprimé sur la claie,
Plaint le satrape au fond de l'abîme, et la pla
      Dit : Grâce pour les clous !

Dieu serein, regardez d'un regard salutaire
Ces reclus ténébreux qu'emprisonne la terre
      Pleine d'obscurs verrous,
Ces forçats dont le bagne est le dedans des pierres,
Et levez, à la voix des justes en prières,
      Ces effrayants écrous.

Père, prenez pitié du monstre et de la roche,
De tous les condamnés que le pardon s'approche !
      Jadis, rois des combats,
Ces bandits sur la terre ont fait une tempête ;
Étant montés plus haut dans l'horreur que la bête,
      Ils sont tombés plus bas.

Grâce pour eux ! clémence, espoir, pardon, refuge,
Au jonc qui fut un prince, au ver qui fut un juge !
      Le méchant, c'est le fou !
Dieu, rouvrez au maudit ! Dieu, relevez l'infâme !
Rendez à tous l'azur. Donnez au tigre une âme,
      Des ailes au caillou !

Mystère! obsession de tout esprit qui pense!
Échelle de la peine et de la récompense!
  Nuit qui monte en clarté!
Sourire épanoui sur la torture amère!
Vision du sépulcre! êtes-vous la chimère,
  Ou la réalité?

VIII

La fosse, plaie au flanc de la terre, est ouverte,
Et, béante, elle fait frissonner l'herbe verte
  Et le buisson jauni;
Elle est là, froide, calme, étroite, inanimée,
Et l'âme en voit sortir, ainsi qu'une fumée,
  L'ombre de l'infini.

Et les oiseaux de l'air, qui, planant sur les cimes,
Volant sous tous les cieux, comparent les abîmes
  Dans les courses qu'ils font,
Songent au noir Vésuve, à l'Océan superbe,
Et disent, en voyant cette fosse dans l'herbe :
  Voici le plus profond!

IX

L'âme est partie, on rend le corps à la nature.
La vie a disparu sous cette créature;
    Mort, où sont tes appuis?
Le voilà hors du temps, de l'espace et du nombre,
On le descend avec une corde dans l'ombre,
    Comme un seau dans un puits.

Que voulez-vous puiser dans ce puits formidable?
Et pourquoi jetez-vous la sonde à l'insondable?
    Qu'y voulez-vous puiser?
Est-ce l'adieu lointain et doux de ceux qu'on aime?
Est-ce un regard? hélas! est-ce un soupir suprême?
    Est-ce un dernier baiser?

Qu'y voulez-vous puiser, vivants, essaim frivole?
Est-ce un frémissement du vide où tout s'envole,
    Un bruit, une clarté,
Une lettre du mot que Dieu seul peut écrire?
Est-ce, pour le mêler à vos éclats de rire,
    Un peu d'éternité?

Dans ce gouffre où la larve entr'ouvre son œil terne,
Dans cette épouvantable et livide citerne,
    Abîme de douleurs,
Dans ce cratère obscur des muettes demeures,
Que voulez-vous puiser, ô passants de peu d'heures,
    Hommes de peu de pleurs?

Est-ce le secret sombre? est-ce la froide goutte
Qui, larme du néant, suinte de l'âpre voûte
    Sans aube et sans flambeau?
Est-ce quelque lueur effarée et hagarde?
Est-ce le cri jeté par tout ce qui regarde
    Derrière le tombeau?

Vous ne puiserez rien. Les morts tombent. La fosse
Les voit descendre, avec leur âme juste ou fausse,
    Leur nom, leurs pas, leur bruit.
Un jour, quand souffleront les célestes haleines,
Dieu seul remontera toutes ces urnes pleines
    De l'éternelle nuit.

X

Et la terre, agitant la ronce à sa surface,
Dit : — L'homme est mort; c'est bien; que veut-on que j'en fass

Pourquoi me le rend-on?
Terre, fais-en des fleurs! des lis que l'aube arrose!
De cette bouche aux dents béantes, fais la rose
Entr'ouvrant son bouton!

Fais ruisseler ce sang dans tes sources d'eaux vives,
Et fais-le boire aux bœufs mugissants, tes convives;
Prends ces chairs en haillons;
Fais de ces seins bleuis sortir des violettes,
Et couvre de ces yeux que t'offrent les squelettes
L'aile des papillons.

Fais avec tous ces morts une joyeuse vie.
Fais-en le fier torrent qui gronde et qui dévie,
La mousse aux frais tapis!
Fais-en des rocs, des joncs, des fruits, des vignes mûres,
Des brises, des parfums, des bois pleins de murmures,
Des sillons pleins d'épis!

Fais-en des buissons verts, fais-en de grandes herbes!
Et qu'en ton sein profond d'où se lèvent les gerbes,
A travers leur sommeil,
Les effroyables morts sans souffle et sans paroles
Se sentent frissonner dans toutes ces corolles
Qui tremblent au soleil!

XI

La terre, sur la bière où le mort pâle écoute,
Tombe, et le nid gazouille, et, là-bas, sur la route,
    Siffle le paysan ;
Et ces fils, ces amis que le regret amène,
N'attendent même pas que la fosse soit pleine
    Pour dire : Allons-nous-en !

Le fossoyeur, payé par ces douleurs hâtées,
Jette sur le cercueil la terre à pelletées.
    Toi qui, dans ton linceul,
Rêvais le deuil sans fin, cette blanche colombe,
Avec cet homme allant et venant sur la tombe,
    O mort, te voilà seul !

Commencement de l'âpre et morne solitude !
Tu ne changeras plus de lit ni d'attitude !
    L'heure aux pas solennels
Ne sonne plus pour toi ; l'ombre te fait terrible ;
L'immobile suaire a sur ta forme horrible
    Mis ses plis éternels.

Et puis le fossoyeur s'en va boire la fosse.
Il vient de voir des dents que la terre déchausse,
    Il rit, il mange, il mord,
Et prend, en murmurant des chansons hébétées,
Un verre dans ses mains à chaque instant heurtées
    Aux choses de la mort.

Le soir vient ; l'horizon s'emplit d'inquiétude ;
L'herbe tremble et bruit comme une multitude ;
    Le fleuve reluit ;
Le paysage obscur prend les veines des marbres ;
Ces hydres que, le jour, on appelle des arbres,
    Se tordent dans la nuit.

Le mort est seul. Il sent la nuit qui le dévore.
Quand naît le doux matin, tout l'azur de l'aurore,
    Tous ses rayons si beaux,
Tout l'amour des oiseaux et leurs chansons sans nombre,
Vont aux berceaux dorés ; et, la nuit, toute l'ombre
    Aboutit aux tombeaux.

Il entend des soupirs dans les fosses voisines ;
Il sent la chevelure affreuse des racines
    Entrer dans son cercueil ;
Il est l'être vaincu dont s'empare la chose ;
Il sent un doigt obscur, sous sa paupière close,
    Lui retirer son œil.

Il a froid; car le soir, qui mêle à son haleine
Les ténèbres, l'horreur, le spectre et le phalène.
    Glace ces durs grabats;
Le cadavre, lié de bandelettes blanches,
Grelotte, et dans sa bière entend les quatre planches
    Qui lui parlent tout bas.

L'une dit : — Je fermais ton coffre-fort. — Et l'autre
Dit : — J'ai servi de porte au toit qui fut le nôtre. —
    L'autre dit : — Aux beaux jours,
La table où rit l'ivresse et que le vin encombre,
C'était moi. — L'autre dit : — J'étais le chevet sombre
    Du lit de tes amours.

Allez, vivants! riez, chantez; le jour flamboie.
Laissez derrière vous, derrière votre joie
    Sans nuage et sans pli,
Derrière la fanfare et le bal qui s'élance,
Tous ces morts qu'enfouit dans la fosse silence
    Le fossoyeur oubli!

XII

Tous y viendront.

XIII

        Assez ! et levez-vous de table.
Chacun prend à son tour la route redoutable ;
      Chacun sort en tremblant ;
Chantez, riez ; soyez heureux, soyez célèbres ;
Chacun de vous sera bientôt dans les ténèbres
      Le spectre au regard blanc.

La foule vous admire et l'azur vous éclaire ;
Vous êtes riche, grand, glorieux, populaire,
      Puissant, fier, encensé ;
Vos licteurs devant vous, graves, portent la hache ;
Et vous vous en irez sans que personne sache
      Où vous avez passé.

Jeunes filles, hélas ! qui donc croit à l'aurore ?
Votre lèvre pâlit pendant qu'on danse encore
      Dans le bal enchanté ;
Dans les lustres blêmis on voit grandir le cierge ;
La mort met sur vos fronts ce grand voile de vierge
      Qu'on nomme éternité.

Le conquérant, debout dans une aube enflammée,
Penche, et voit s'en aller son épée en fumée;
    L'amante avec l'amant
Passe; le berceau prend une voix sépulcrale;
L'enfant rose devient larve horrible, et le râle
    Sort du vagissement.

Ce qu'ils disaient hier, le savent-ils eux-mêmes?
Des chimères, des vœux, des cris, de vains problèmes!
    O néant inouï!
Rien ne reste; ils ont tout oublié dans la fuite
Des choses que Dieu pousse et qui courent si vite,
    Que l'homme est ébloui!

O promesses! espoirs! cherchez-les dans l'espace.
La bouche qui promet est un oiseau qui passe.
    Fou qui s'y confierait!
Les promesses s'en vont où va le vent des plaines,
Où vont les flots, où vont les obscures haleines
    Du soir dans la forêt!

Songe à la profondeur du néant où nous sommes.
Quand tu seras couché sous la terre où les hommes
    S'enfoncent pas à pas,
Tes enfants, épuisant les jours que Dieu leur compte,
Seront dans la lumière ou seront dans la honte;
    Tu ne le sauras pas!

Ce que vous rêvez tombe avec ce que vous faites.
Voyez ces grands palais; voyez ces chars de fêtes
      Aux tournoyants essieux;
Voyez ces longs fusils qui suivent le rivage;
Voyez ces chevaux, noirs comme un héron sauvage
      Qui vole sous les cieux.

Tout cela passera comme une voix chantante.
Pyramide, à tes pieds tu regardes la tente,
      Sous l'éclatant zénith;
Tu l'entends frissonner au vent comme une voile,
Chéops, et tu te sens, en la voyant de toile,
      Fière d'être en granit;

Et toi, tente, tu dis : Gloire à la pyramide!
Mais un jour, hennissant comme un cheval numide,
      L'ouragan libyen
Soufflera sur ce sable où sont les tentes frêles,
Et Chéops roulera pêle-mêle avec elles,
      En s'écriant : Eh bien!

Tu périras, malgré ton enceinte murée,
Et tu ne seras plus ville, ô ville sacrée!
      Qu'un triste amas fumant;
Et ceux qui t'ont servie et ceux qui t'ont aimée
Frapperont leur poitrine en voyant la fumée
      De ton embrasement.

Ils diront : — O douleur! ô deuil! guerre civile!
Quelle ville a jamais égalé cette ville?
    Ses tours montaient dans l'air;
Elle riait aux chants de ses prostituées;
Elle faisait courir ainsi que des nuées
    Ses vaisseaux sur la mer.

Ville! où sont tes docteurs qui t'enseignaient à lire?
Tes dompteurs de lions qui jouaient de la lyre,
    Tes lutteurs jamais las?
Ville! est-ce qu'un voleur, la nuit, t'a dérobée?
Où donc est Babylone? Hélas! elle est tombée!
    Elle est tombée, hélas!

On n'entend plus chez toi le bruit que fait la meule.
Pas un marteau ne frappe un clou. Te voilà seule.
    Ville, où sont tes bouffons?
Nul passant désormais ne montera tes rampes;
Et l'on ne verra plus la lumière des lampes
    Luire sous tes plafonds.

Brillez pour disparaître et montez pour descendre.
Le grain de sable dit dans l'ombre au grain de cendre :
    Il faut tout engloutir.
Où donc est Thèbes? dit Babylone pensive.
Thèbes demande : Où donc est Ninive? Et Ninive
    S'écrie : Où donc est Tyr?

En laissant fuir les mots de sa langue prolixe,
L'homme s'agite et va, suivi par un œil fixe;
    Dieu n'ignore aucun toit;
Tous les jours d'ici-bas ont des aubes funèbres;
Malheur à ceux qui font le mal dans les ténèbres,
    En disant : Qui nous voit?

Tous tombent; l'un au bout d'une course insensée,
L'autre à son premier pas; l'homme sur sa pensée,
    La mère sur son nid;
Et le porteur de sceptre et le joueur de flûte
S'en vont; et rien ne dure; et le père qui lutte
    Suit l'aïeul qui bénit.

Les races vont au but qu'ici-bas tout révèle.
Quand l'ancienne commence à pâlir, la nouvelle
    A déjà le même air;
Dans l'éternité, gouffre où se vide la tombe,
L'homme coule sans fin, sombre fleuve qui tombe
    Dans une sombre mer.

Tout escalier, que l'ombre ou la splendeur le couvre,
Descend au tombeau calme, et toute porte s'ouvre
    Sur le dernier moment;
Votre sépulcre emplit la maison où vous êtes;
Et tout plafond, croisant ses poutres sur nos têtes,
    Est fait d'écroulement.

Veillez, veillez! Songez à ceux que vous perdîtes ;
Parlez moins haut, prenez garde à ce que vous dites,
    Contemplez à genoux ;
L'aigle trépas du bout de l'aile nous effleure ;
Et toute notre vie, en fuite heure par heure,
    S'en va derrière nous.

O coups soudains ! départs vertigineux ! mystère !
Combien qui ne croyaient parler que pour la terre,
    Front haut, cœur fier, bras fort,
Tout à coup, comme un mur subitement s'écroule,
Au milieu d'une phrase adressée à la foule
    Sont entrés dans la mort,

Et, sous l'immensité qui n'est qu'un œil sublime,
Ont pâli, stupéfaits de voir, dans cet abîme
    D'astres et de ciel bleu,
Où le masqué se montre, où l'inconnu se nomme,
Que le mot qu'ils avaient commencé devant l'homme
    S'achevait devant Dieu !

Un spectre au seuil de tout tient le doigt sur sa bouche.
Les morts partent. La nuit de sa verge les touche.
    Ils vont, l'antre est profond,
Nus, et se dissipant, et l'on ne voit rien luire.
Où donc sont-ils allés ? On n'a rien à vous dire.
    Ceux qui s'en vont s'en vont.

Sur quoi donc marchent-ils? sur l'énigme, sur l'ombre,
Sur l'être. Ils font un pas : comme la nef qui sombre,
  Leur blancheur disparaît;
Et l'on n'entend plus rien dans l'ombre inaccessible,
Que le bruit sourd que fait dans le gouffre invisible
  L'invisible forêt.

L'infini, route noire et de brume remplie,
Et qui joint l'âme à Dieu, monte, fuit, multiplie
  Ses cintres tortueux,
Et s'efface... — et l'horreur effare nos pupilles
Quand nous entrevoyons les arches et les piles
  De ce pont monstrueux.

O sort! obscurité! nuée! on rêve, on souffre.
Les êtres, dispersés à tous les vents du gouffre,
  Ne savent ce qu'ils font.
Les vivants sont hagards. Les morts sont dans leurs couches,
Pendant que nous songeons, des pleurs, gouttes farouches,
  Tombent du noir plafond.

XIV

On brave l'immuable; et l'un se réfugie
Dans l'assoupissement, et l'autre dans l'orgie.

Cet autre va criant :
— A bas vertu, devoir et foi! l'homme est un ventre! —
Dans ce lugubre esprit, comme un tigre en son antre,
    Habite le néant.

Écoutez-le : — Jouir est tout. L'heure est rapide.
Le sacrifice est fou. Le martyre est stupide;
    Vivre est l'essentiel;
L'immensité ricane et la tombe grimace.
La vie est un caillou que le sage ramasse
    Pour lapider le ciel. —

Il souffle, forçat noir, sa vermine sur l'ange.
Il est content, il est hideux; il boit, il mange;
    Il rit, la lèvre en feu,
Tous les rires que peut inventer la démence;
Il dit tout ce que peut dire en sa haine immense
    Le ver de terre à Dieu.

Il dit : Non! à celui sous qui tremble le pôle.
Soudain l'ange muet met la main sur l'épaule
    Du railleur effronté;
La mort derrière lui surgit pendant qu'il chante;
Dieu remplit tout à coup cette bouche crachante
    Avec l'éternité.

XV

Qu'est-ce que tu feras de tant d'herbes fauchées,
O vent? que feras-tu des pailles desséchées
    Et de l'arbre abattu?
Que feras-tu de ceux qui s'en vont avant l'heure?
Et de celui qui rit et de celui qui pleure,
    O vent! qu'en feras-tu?

Que feras-tu des cœurs? que feras-tu des âmes?
Nous aimâmes, hélas! nous crûmes, nous pensâmes;
    Un moment nous brillons;
Puis, sur les panthéons ou sur les ossuaires,
Nous frissonnons, ceux-ci drapeaux, ceux-là suaires,
    Tous, lambeaux et haillons!

Et ton souffle nous tient, nous arrache et nous ronge;
Et nous étions la vie, et nous sommes le songe!
    Et voilà que tout fuit!
Et nous ne savons plus qui nous pousse et nous mène,
Et nous questionnons en vain notre âme pleine
    De tonnerre et de nuit!

O vent! que feras-tu de ces tourbillons d'êtres,
Hommes, femmes, vieillards, enfants, esclaves, maîtres,
    Souffrant, priant, aimant,
Doutant, peut-être cendre et peut-être semence,
Qui roulent, frémissants et pâles, vers l'immense
    Évanouissement!

XVI

L'arbre Éternité vit sans faîte et sans racines.
Ses branches sont partout, proches du ver, voisines
    Du grand astre doré;
L'espace voit sans fin croître la branche Nombre,
Et la branche Destin, végétation sombre,
    Emplit l'homme effaré.

Nous la sentons ramper et grandir sous nos crânes,
Lier Deutz à Judas, Nemrod à Schinderhannes,
    Tordre ses mille nœuds,
Et, passants pénétrés de fibres éternelles,
Tremblants, nous la voyons croiser dans nos prunelles
    Ses fils vertigineux.

Et nous apercevons, dans le plus noir de l'arbre,
Les Hobbes contemplant avec des yeux de marbre
   Les Kant aux larges fronts ;
Leur cognée à la main, le pied sur les problèmes,
Immobiles ; la mort a fait des spectres blêmes
   De tous ces bûcherons.

Ils sont là, stupéfaits et chacun sur sa branche.
L'un se redresse, et l'autre, épouvanté, se penche.
   L'un voulut, l'autre osa,
Tous se sont arrêtés en voyant le mystère.
Zénon rêve, tourné vers Pyrrhon, et Voltaire
   Regarde Spinosa.

Qu'avez-vous donc trouvé, dites, chercheurs sublimes ?
Quels nids avez-vous vus, noirs comme des abîmes,
   Sur ces rameaux noueux ?
Cachaient-ils des essaims d'ailes sombres ou blanches ?
Dites, avez-vous fait envoler de ces branches
   Quelque aigle monstrueux ?

De quelqu'un qui se tait nous sommes les ministres ;
Le noir réseau du sort trouble nos yeux sinistres ;
   Le vent nous courbe tous ;
L'ombre des mêmes nuits mêle toutes les têtes.
Qui donc sait le secret ? le savez-vous, tempêtes ?
   Gouffres, en parlez-vous ?

Le problème muet gonfle la mer sonore.
Et, sans cesse oscillant, va du soir à l'aurore
    Et de la taupe au lynx ;
L'énigme aux yeux profonds nous regarde obstinée ;
Dans l'ombre nous voyons sur notre destinée
    Les deux griffes du sphinx.

Le mot, c'est Dieu. Ce mot luit dans les âmes veuves;
Il tremble dans la flamme; onde, il coule en tes fleuves;
    Homme, il coule en ton sang ;
Les constellations le disent au silence ;
Et le volcan, mortier de l'infini, le lance
    Aux astres en passant.

Ne doutons pas. Croyons. Emplissons l'étendue
De notre confiance, humble, ailée, éperdue.
    Soyons l'immense Oui.
Que notre cécité ne soit pas un obstacle ;
A la création donnons ce grand spectacle
    D'un aveugle ébloui.

Car, je vous le redis, votre oreille étant dure,
Non est un précipice. O vivants ! rien ne dure !
    La chair est aux corbeaux ;
La vie autour de vous croule comme un vieux cloître ;
Et l'herbe est formidable, et l'on y voit moins croître
    De fleurs que de tombeaux.

Tout, dès que nous doutons, devient triste et farouche.
Quand il veut, spectre gai, le sarcasme à la bouche
    Et l'ombre dans les yeux,
Rire avec l'infini, pauvre âme aventurière,
L'homme frissonnant voit les arbres en prière
    Et les monts sérieux;

Le chêne ému fait signe au cèdre qui contemple;
Le rocher rêveur semble un prêtre dans le temple
    Pleurant un déshonneur;
L'araignée, immobile au centre de ses toiles,
Médite; et le lion, songeant sous les étoiles,
    Rugit : Pardon, Seigneur!

    Jersey, cimetière de Saint-Jean, avril 1854.

VII

Un jour, le morne esprit, le prophète sublime
    Qui rêvait à Patmos,
Et lisait, frémissant, sur le mur de l'abîme
    De si lugubres mots,

Dit à son aigle : « O monstre! il faut que tu m'emportes !
    Je veux voir Jéhovah. »

L'aigle obéit. Des cieux ils franchirent les portes,
Enfin, Jean arriva;

Il vit l'endroit sans nom dont nul archange n'ose
Traverser le milieu,
Et ce lieu redoutable était plein d'ombre, à cause
De la grandeur de Dieu.

Jersey, septembre 1855.

VIII

CLAIRE

—

Quoi donc! la vôtre aussi! la vôtre suit la mienne!
O mère au cœur profond, mère, vous avez beau
Laisser la porte ouverte afin qu'elle revienne,
Cette pierre là-bas dans l'herbe est un tombeau!

La mienne disparut dans les flots qui se mêlent;
Alors, ce fut ton tour, Claire, et tu t'envolas.
Est-ce donc que là-haut dans l'ombre elles s'appellent,
Qu'elles s'en vont ainsi l'une après l'autre, hélas?

Enfant qui rayonnais, qui chassais la tristesse,
Que ta mère jadis berçait de sa chanson,
Qui d'abord la charmas avec ta petitesse
Et plus tard lui remplis de clarté l'horizon,

Voilà donc que tu dors sous cette pierre grise !
Voilà que tu n'es plus, ayant à peine été !
L'astre attire le lis, et te voilà reprise,
O vierge, par l'azur, cette virginité !

Te voilà remontée au firmament sublime,
Échappée aux grands cieux comme la grive aux bois,
Et, flamme, aile, hymne, odeur, replongée à l'abîme
Des rayons, des amours, des parfums et des voix !

Nous ne t'entendrons plus rire en notre nuit noire.
Nous voyons seulement, comme pour nous bénir,
Errer dans notre ciel et dans notre mémoire
Ta figure, nuage, et ton nom, souvenir !

Pressentais-tu déjà ton sombre épithalame ?
Marchant sur notre monde à pas silencieux,
De tous les idéals tu composais ton âme,
Comme si tu faisais un bouquet pour les cieux !

Et te voyant si calme et toute lumineuse,
Les cœurs les plus saignants ne haïssaient plus rien.
Tu passais parmi nous comme Ruth la glaneuse,
Et, comme Ruth l'épi, tu ramassais le bien.

La nature, ô front pur! versait sur toi sa grâce,
L'aurore sa candeur, et les champs leur bonté;
Et nous retrouvions, nous sur qui la douleur passe,
Toute cette douceur dans toute ta beauté!

Chaste, elle paraissait ne pas être autre chose
Que la forme qui sort des cieux éblouissants;
Et de tous les rosiers elle semblait la rose,
Et de tous les amours elle semblait l'encens.

Ceux qui n'ont pas connu cette charmante fille
Ne peuvent pas savoir ce qu'était ce regard
Transparent comme l'eau qui s'égaye et qui brille
Quand l'étoile surgit sur l'océan hagard.

Elle était simple, franche, humble, naïve et bonne;
Chantant à demi-voix son chant d'illusion,
Ayant je ne sais quoi dans toute sa personne
De vague et de lointain comme la vision.

On sentait qu'elle avait peu de temps sur la terre,
Qu'elle n'apparaissait que pour s'évanouir,
Et qu'elle acceptait peu sa vie involontaire ;
Et la tombe semblait par moments l'éblouir.

Elle a passé dans l'ombre où l'homme se résigne ;
Le vent sombre soufflait ; elle a passé sans bruit,
Belle, candide, ainsi qu'une plume de cygne
Qui reste blanche, même en traversant la nuit !

Elle s'en est allée à l'aube qui se lève,
Lueur dans le matin, vertu dans le ciel bleu,
Bouche qui n'a connu que le baiser du rêve,
Ame qui n'a dormi que dans le lit de Dieu !

Nous voici maintenant en proie aux deuils sans bornes,
Mère, à genoux tous deux sur des cercueils sacrés,
Regardant à jamais dans les ténèbres mornes
La disparition des êtres adorés !

Croire qu'ils restëraient ! quel songe ! Dieu les presse.
Même quand leurs bras blancs sont autour de nos cous,
Un vent du ciel profond fait frissonner sans cesse
Ces fantômes charmants que nous croyons à nous.

Ils sont là, près de nous, jouant sur notre route;
Ils ne dédaignent pas notre soleil obscur,
Et derrière eux, et sans que leur candeur s'en doute,
Leurs ailes font parfois de l'ombre sur le mur.

Ils viennent sous nos toits; avec nous ils demeurent;
Nous leur disons : Ma fille! ou : Mon fils! ils sont doux,
Riants, joyeux, nous font une caresse, et meurent. —
O mère! ce sont là les anges, voyez-vous!

C'est une volonté du sort, pour nous sévère,
Qu'ils rentrent vite au ciel, resté pour eux ouvert;
Et qu'avant d'avoir mis leur lèvre à notre verre,
Avant d'avoir rien fait et d'avoir rien souffert,

Ils partent radieux; et qu'ignorant l'envie,
L'erreur, l'orgueil, le mal, la haine, la douleur,
Tous ces êtres bénis s'envolent de la vie
A l'âge où la prunelle innocente est en fleur!

Nous qui sommes démons ou qui sommes apôtres,
Nous devons travailler, attendre, préparer;
Pensifs, nous expions pour nous-même ou pour d'autres :
Notre chair doit saigner, nos yeux doivent pleurer.

Eux, ils sont l'air qui fuit, l'oiseau qui ne se pose
Qu'un instant, le soupir qui vole, avril vermeil
Qui brille et passe; ils sont le parfum de la rose
Qui va rejoindre aux cieux le rayon du soleil!

Ils ont ce grand dégoût mystérieux de l'âme
Pour notre chair coupable et pour notre destin;
Ils ont, êtres rêveurs qu'un autre azur réclame,
Je ne sais quelle soif de mourir le matin!

Ils sont l'étoile d'or se couchant dans l'aurore,
Mourant pour nous, naissant pour l'autre firmament;
Car la mort, quand un astre en son sein vient éclore,
Continue, au delà, l'épanouissement!

Oui, mère, ce sont là les élus du mystère,
Les envoyés divins, les ailés, les vainqueurs,
A qui Dieu n'a permis que d'effleurer la terre
Pour faire un peu de joie à quelques pauvres cœurs.

Comme l'ange à Jacob, comme Jésus à Pierre,
Ils viennent jusqu'à nous qui loin d'eux étouffons,
Beaux, purs, et chacun d'eux portant sous sa paupière
La sereine clarté des paradis profonds.

Puis, quand ils ont, pieux, baisé toutes les plaies,
Pansé notre douleur, azuré nos raisons,
Et fait luire un moment l'aube à travers nos claies
Et chanté la chanson du ciel dans nos maisons,

Ils retournent là-haut parler à Dieu des hommes,
Et, pour lui faire voir quel est notre chemin,
Tout ce que nous souffrons et tout ce que nous sommes,
S'en vont avec un peu de terre dans la main.

Ils s'en vont; c'est tantôt l'éclair qui les emporte,
Tantôt un mal plus fort que nos soins superflus.
Alors, nous, pâles, froids, l'œil fixé sur la porte,
Nous ne savons plus rien, sinon qu'ils ne sont plus.

Nous disons :—A quoi bon l'âtre sans étincelle?
A quoi bon la maison où ne sont plus leurs pas?
A quoi bon la ramée où ne sont plus les ailes?
Qui donc attendons-nous, s'ils ne reviennent pas?—

Ils sont partis, pareils au bruit qui sort des lyres.
Et nous restons là, seuls, près du gouffre où tout fuit,
Tristes; et la lueur de leurs charmants sourires
Parfois nous apparaît vaguement dans la nuit.

Car ils sont revenus, et c'est là le mystère ;
Nous entendons quelqu'un flotter, un souffle errer,
Des robes effleurer notre seuil solitaire ;
Et cela fait alors que nous pouvons pleurer.

Nous sentons frissonner leurs cheveux dans notre ombre ;
Nous sentons, lorsqu'ayant la lassitude en nous,
Nous nous levons après quelque prière sombre,
Leurs blanches mains toucher doucement nos genoux.

Ils nois disent tout bas de leur voix la plus tendre :
« Mon père ! encore un peu ! ma mère ! encore un jour !
» M'entends-tu ? Je suis là, je reste pour t'attendre
» Sur l'échelon d'en bas de l'échelle d'amour.

» Je t'attends pour pourvoir nous en aller ensemble.
» Cette vie est amère, et tu vas en sortir.
» Pauvre cœur, ne crains rien, Dieu vit ! la mort rassemble.
» Tu redeviendras ange, ayant été martyr. »

Oh ! quand donc viendrez-vous ? vous retrouver, c'est naître.
Quand verrons-nous, ainsi qu'un idéal flambeau,

La douce étoile mort, rayonnante, apparaître
A ce noir horizon qu'on nomme le tombeau?

Quand nous en irons-nous où vous êtes, colombes!
Où sont les enfants morts et les printemps enfuis,
Et tous les chers amours dont nous sommes les tombes,
Et toutes les clartés dont nous sommes les nuits?

Vers ce grand ciel clément où sont tous les dictames,
Les aimés, les absents, les êtres purs et doux,
Les baisers des esprits et les regards des âmes,
Quand nous en irons-nous? quand nous en irons-nous?

Quand nous en irons-nous où sont l'aube et la foudre?
Quand verrons-nous, déjà libres, hommes encor,
Notre chair ténébreuse en rayons se dissoudre,
Et nos pieds faits de nuit éclore en ailes d'or?

Quand nous enfuirons-nous dans la joie infinie
Où les hymnes vivants sont des anges voilés,
Où l'on voit, à travers l'azur de l'harmonie,
La strophe bleue errer sur les luths étoilés?

Quand viendrez-vous chercher notre humble cœur qui sombre ?
Quand nous reprendrez-vous à ce monde charnel,
Pour nous bercer ensemble aux profondeurs de l'ombre,
Sous l'éblouissement du regard éternel ?

Décembre 1846.

IX

A
LA FENÊTRE PENDANT LA NUIT

I

Les étoiles, points d'or, percent les branches noires;
Le flot huileux et lourd décompose ses moires
     Sur l'océan blêmi;
Les nuages ont l'air d'oiseaux prenant la fuite;
Par moments le vent parle, et dit des mots sans suite,
     Comme un homme endormi.

Tout s'en va. La nature est l'urne mal fermée.
La tempête est écume et la flamme est fumée.
    Rien n'est hors du moment,
L'homme n'a rien qu'il prenne, et qu'il tienne, et qu'il garde.
Il tombe heure par heure, et, ruine, il regarde
    Le monde, écroulement.

L'astre est-il le point fixe en ce mouvant problème?
Ce ciel que nous voyons fut-il toujours le même?
    Le sera-t-il toujours?
L'homme a-t-il sur son front des clartés éternelles?
Et verra-t-il toujours les mêmes sentinelles
    Monter aux mêmes tours?

II

Nuits, serez-vous pour nous toujours ce que vous êtes?
Pour toute vision, aurons-nous sur nos têtes
    Toujours les mêmes cieux?

Dis, larve Aldebaran, réponds, spectre Saturne,
Ne verrons-nous jamais sur le masque nocturne
S'ouvrir de nouveaux yeux?

Ne verrons-nous jamais briller de nouveaux astres?
Et des cintres nouveaux, et de nouveaux pilastres
Luire à notre œil mortel,
Dans cette cathédrale aux formidables porches
Dont le septentrion éclaire avec sept torches
L'effrayant maître-autel?

A-t-il cessé, le vent qui fait naître ces roses,
Sirius, Orion, toi, Vénus, qui reposes
Notre œil dans le péril?
Ne verrons-nous jamais sous ces grandes haleines
D'autres fleurs de lumière éclore dans les plaines
De l'éternel avril?

Savons-nous où le monde en est de son mystère?
Qui nous dit, à nous, joncs du marais, vers de terre
Dont la lave reluit,
A nous qui n'avons pas nous-mêmes notre preuve,
Que Dieu ne va pas mettre une tiare neuve
Sur le front de la nuit?

III

Dieu n'a-t-il plus de flamme à ses lèvres profondes ?
N'en fait-il plus jaillir des tourbillons de mondes ?
      Parlez, Nord et Midi !
N'emplit-il plus de lui sa création sainte ?
Et ne souffle-t-il plus que d'une bouche éteinte
      Sur l'être refroidi ?

Quand les comètes vont et viennent, formidables,
Apportant la lueur des gouffres insondables
      A nos fronts soucieux,
Brûlant, volant, peut-être âmes, peut-être mondes,
Savons-nous ce que font toutes ces vagabondes
      Qui courent dans nos cieux ?

Qui donc a vu la source et connaît l'origine ?
Qui donc, ayant sondé l'abîme, s'imagine
      En être mage et roi ?
Ah ! fantômes humains, courbés sous les désastres !
Qui donc a dit : —C'est bien, Éternel. Assez d'astres.
      N'en fais plus. Calme-toi !—

L'effet séditieux limiterait la cause?
Quelle bouche ici-bas peut dire à quelque chose :
    Tu n'iras pas plus loin?
Sous l'élargissement sans fin, la borne plie;
La création vit, croît et se multiplie;
    L'homme n'est qu'un témoin.

L'homme n'est qu'un témoin frémissant d'épouvante.
Les firmaments sont pleins de la séve vivante
    Comme les animaux.
L'arbre prodigieux croise, agrandit, transforme,
Et mêle aux cieux profonds, comme une gerbe énorme,
    Ses ténébreux rameaux.

Car la création est devant, Dieu derrière.
L'homme, du côté noir de l'obscure barrière,
    Vit, rôdeur curieux;
Il suffit que son front se lève pour qu'il voie
A travers la sinistre et morne claire-voie
    Cet œil mystérieux.

IV

Donc nous ne disons pas : — Nous avons nos étoiles. —
Des flottes de soleils peut-être à pleines voiles

Viennent en ce moment;
Peut-être que demain le Créateur terrible,
Refaisant notre nuit, va contre un autre crible
    Changer le firmament.

Qui sait? que savons-nous? sur notre horizon sombre,
Que la création impénétrable encombre
    De ses taillis sacrés,
Muraille obscure où vient battre le flot de l'être,
Peut-être allons-nous voir brusquement apparaître
    Des astres effarés;

Des astres éperdus arrivant des abîmes,
Venant des profondeurs ou descendant des cimes,
    Et, sous nos noirs arceaux,
Entrant en foule, épars, ardents, pareils au rêve,
Comme dans un grand vent s'abat sur une grève
    Une troupe d'oiseaux;

Surgissant, clairs flambeaux, feux purs, rouges fournaises,
Aigrettes de rubis ou tourbillons de braises,
    Sur nos bords, sur nos monts,
Et nous pétrifiant de leurs aspects étranges;
Car dans le gouffre énorme il est des mondes anges
    Et des soleils démons!

Peut-être en ce moment, du fond des nuits funèbres,
Montant vers nous, gonflant ses vagues de ténèbres
    Et ses flots de rayons,
Le muet infini, sombre mer ignorée,
Roule vers notre ciel une grande marée
    De constellations!

Marine-Terrace, avril 1854.

X

ÉCLAIRCIE

L'Océan resplendit sous sa vaste nuée.
L'onde, de son combat sans fin exténuée,
S'assoupit, et, laissant l'écueil se reposer,
Fait de toute la rive un immense baiser.
On dirait qu'en tous lieux, en même temps, la vie
Dissout le mal, le deuil, l'hiver, la nuit, l'envie,

Et que le mort couché dit au vivant debout :
Aime ! et qu'une âme obscure, épanouie en tout,
Avance doucement sa bouche sur nos lèvres.
L'être, éteignant dans l'ombre et l'extase ses fièvres,
Ouvrant ses flancs, ses seins, ses yeux, ses cœurs épars,
Dans ses pores profonds reçoit de toutes parts
La pénétration de la séve sacrée.
La grande paix d'en haut vient comme une marée.
Le brin d'herbe palpite aux fentes du pavé ;
Et l'âme a chaud. On sent que le nid est couvé.
L'infini semble plein d'un frisson de feuillée.
On croit être à cette heure où la terre éveillée
Entend le bruit que fait l'ouverture du jour,
Le premier pas du vent, du travail, de l'amour,
De l'homme, et le verrou de la porte sonore,
Et le hennissement du blanc cheval aurore.
Le moineau d'un coup d'aile, ainsi qu'un fol esprit,
Vient taquiner le flot monstrueux qui sourit ;
L'air joue avec la mouche et l'écume avec l'aigle ;
Le grave laboureur fait ses sillons et règle
La page où s'écrira le poëme des blés ;
Des pêcheurs sont là-bas sous un pampre attablés :
L'horizon semble un rêve éblouissant où nage
L'écaille de la mer, la plume du nuage,
Car l'Océan est hydre et le nuage oiseau.
Une lueur, rayon vague, part du berceau
Qu'une femme balance au seuil d'une chaumière,
Dore les champs, les fleurs, l'onde, et devient lumière

En touchant un tombeau qui dort près du clocher.
Le jour plonge au plus noir du gouffre, et va chercher
L'ombre, et la baise au front sous l'eau sombre et hagarde ;
Tout est doux, calme, heureux, apaisé ; Dieu regarde.

Marine-Terrace, juillet 1855.

XI

Oh! par nos vils plaisirs, nos appétits, nos fanges,
Que de fois nous devons nous attrister, archanges!
C'est vraiment une chose amère de songer
Qu'en ce monde où l'esprit n'est qu'un morne étranger,
Où la volupté rit, jeune, et si décrépite,
Où dans les lits profonds l'aile d'en bas palpite,
Quand, pâmé, dans un nimbe ou bien dans un éclair,
On tend sa bouche ardente aux coupes de la chair,

A l'heure où l'on s'enivre, aux lèvres d'une femme
De ce qu'on croit l'amour, de ce qu'on prend pour l'âme,
Sang du cœur, vin des sens âcre et délicieux,
On fait rougir là-haut quelque passant des cieux !

Juin 1855.

XII

AUX ANGES QUI NOUS VOIENT

— Passant, qu'es-tu? je te connais.
Mais, étant spectre, ombre et nuage,
Tu n'as plus de sexe ni d'âge.
— Je suis ta mère, et je venais!

— Et toi, dont l'aile hésite et brille,
Dont l'œil est noyé de douceur,

Qu'es-tu, passant? — Je suis ta sœur.
— Et toi, qu'es-tu? — Je suis ta fille.

— Et toi, qu'es-tu, passant? — Je suis
Celle à qui tu disais : « Je t'aime! »
— Et toi? — Je suis ton âme même. —
Oh! cachez-moi, profondes nuits!

Juin 1855.

XIII

CADAVER

O mort! heure splendide! ô rayons mortuaires!
Avez-vous quelquefois soulevé des suaires?
Et, pendant qu'on pleurait, et qu'au chevet du lit,
Frères, amis, enfants, la mère qui pâlit,
Éperdus, sanglotaient dans le deuil qui les navre,
Avez-vous regardé sourire le cadavre?
Tout à l'heure il râlait, se tordait, étouffait;
Maintenant il rayonne. Abîme! qui donc fait

Cette lueur qu'a l'homme en entrant dans les ombres?
Qu'est-ce que le sépulcre? et d'où vient, penseurs sombres,
Cette sérénité formidable des morts?
C'est que le secret s'ouvre et que l'être est dehors;
C'est que l'âme — qui voit, puis brille, puis flamboie, —
Rit, et que le corps même a sa terrible joie.
La chair se dit : — Je vais être terre, et germer,
Et fleurir comme séve, et, comme fleur, aimer!
Je vais me rajeunir dans la jeunesse énorme
Du buisson, de l'eau vive, et du chêne, et de l'orme,
Et me répandre aux lacs, aux flots, aux monts, aux prés,
Aux rochers, aux splendeurs des grands couchants pourprés,
Aux ravins, aux halliers, aux brises de la nue,
Aux murmures profonds de la vie inconnue!
Je vais être oiseau, vent, cri des eaux, bruit des cieux,
Et palpitation du tout prodigieux! —
Tous ces atomes las, dont l'homme était le maître,
Sont joyeux d'être mis en liberté dans l'être,
De vivre, et de rentrer au gouffre qui leur plaît.
L'haleine que la fièvre aigrissait et brûlait
Va devenir parfum, et la voix harmonie;
Le sang va retourner à la veine infinie,
E couler, ruisseau clair, aux champs où le bœuf roux
Mugit le soir avec l'herbe jusqu'aux genoux;
Les os ont déjà pris la majesté des marbres;
La chevelure sent le grand frisson des arbres,
Et songe aux cerfs errants, au lierre, aux nids chantants
Qui vont l'emplir du souffle adoré du printemps.

Et voyez le regard, qu'une ombre étrange voile,
Et qui, mystérieux, semble un lever d'étoile!

Oui, Dieu le veut, la mort, c'est l'ineffable chant
De l'âme et de la bête à la fin se lâchant;
C'est une double issue ouverte à l'être double.
Dieu disperse, à cette heure inexprimable et trouble,
Le corps dans l'univers et l'âme dans l'amour.
Une espèce d'azur que dore un vague jour,
L'air de l'éternité, puissant, calme, salubre,
Frémit et resplendit sous le linceul lugubre;
Et des plis du drap noir tombent tous nos ennuis.
La mort est bleue. O mort! ô paix! l'ombre des nuits,
Le roseau des étangs, le roc du monticule,
L'épanouissement sombre du crépuscule,
Le vent, souffle farouche ou providentiel,
L'air, la terre, le feu, l'eau, tout, même le ciel,
Se mêle à cette chair qui devient solennelle.
Un commencement d'astre éclôt dans la prunelle.

XIV

O gouffre! l'âme plonge et rapporte le doute.
Nous entendons sur nous les heures, goutte à goutte,
    Tomber comme l'eau sur les plombs ;
L'homme est brumeux, le monde est noir, le ciel est sombre ;
Les formes de la nuit vont et viennent dans l'ombre ;
    Et nous, pâles, nous contemplons.

Nous contemplons l'obscur, l'inconnu, l'invisible.
Nous sondons le réel, l'idéal, le possible,

L'être, spectre toujours présent.
Nous regardons trembler l'ombre indéterminée.
Nous sommes accoudés sur notre destinée,
    L'œil fixe et l'esprit frémissant.

Nous épions des bruits dans ces vides funèbres;
Nous écoutons le souffle, errant dans les ténèbres,
    Dont frissonne l'obscurité;
Et, par moments, perdus dans les nuits insondables,
Nous voyons s'éclairer de lueurs formidables
    La vitre de l'éternité.

Marine-Terrace, septembre 1855.

XV

A CELLE QUI EST VOILÉE

—

Tu me parles du fond d'un rêve
Comme une âme parle aux vivants.
Comme l'écume de la grève,
Ta robe flotte dans les vents.

Je suis l'algue des flots sans nombre,
Le captif du destin vainqueur ;

Je suis celui que toute l'ombre
Couvre sans éteindre son cœur.

Mon esprit ressemble à cette île,
Et mon sort à cet océan ;
Et je suis l'habitant tranquille
De la foudre et de l'ouragan.

Je suis le proscrit qui se voie,
Qui songe, et chante loin du bruit,
Avec la chouette et l'étoile,
La sombre chanson de la nuit.

Toi, n'es-tu pas, comme moi-même,
Flambeau dans ce monde âpre et vil,
Ame, c'est-à-dire problème,
Et femme, c'est-à-dire exil ?

Sors du nuage, ombre charmante.
O fantôme, laisse-toi voir !
Sois un phare dans ma tourmente,
Sois un regard dans mon ciel noir !

Cherche-moi parmi les mouettes!
Dresse un rayon sur mon récif,
Et, dans mes profondeurs muettes,
La blancheur de l'ange pensif!

Sois l'aile qui passe et se mêle
Aux grandes vagues en courroux.
Oh! viens! tu dois être bien belle,
Car ton chant lointain est bien doux;

Car la nuit engendre l'aurore;
C'est peut-être une loi des cieux
Que mon noir destin fasse éclore
Ton sourire mystérieux!

Dans ce ténébreux monde où j'erre,
Nous devons nous apercevoir,
Toi, toute faite de lumière,
Moi, tout composé de devoir!

Tu me dis de loin que tu m'aimes,
Et que, la nuit, à l'horizon,
Tu viens voir sur les grèves blêmes
Le spectre blanc de ma maison.

Là, méditant sous le grand dôme,
Près du flot sans trêve agité,
Surprise de trouver l'atome
Ressemblant à l'immensité,

Tu compares, sans me connaître,
L'onde à l'homme, l'ombre au banni,
Ma lampe étoilant ma fenêtre
A l'astre étoilant l'infini !

Parfois, comme au fond d'une tombe,
Je te sens sur mon front fatal,
Bouche de l'Inconnu d'où tombe
Le pur baiser de l'Idéal.

A ton souffle, vers Dieu poussées,
Je sens en moi, douce frayeur,
Frissonner toutes mes pensées,
Feuilles de l'arbre intérieur.

Mais tu ne veux pas qu'on te voie ;
Tu viens et tu fuis tour à tour ;
Tu ne veux pas te nommer joie,
Ayant dit : Je m'appelle amour.

Oh! fais un pas de plus! viens, entre,
Si nul devoir ne le défend;
Viens voir mon âme dans son antre,
L'esprit lion, le cœur enfant;

Viens voir le désert où j'habite,
Seul sous mon plafond effrayant;
Sois l'ange chez le cénobite,
Sois la clarté chez le voyant.

Change en perles dans mes décombres
Toutes mes gouttes de sueur!
Viens poser sur mes œuvres sombres
Ton doigt d'où sort une lueur!

Du bord des sinistres ravines
Du rêve et de la vision,
J'entrevois les choses divines... —
Complète l'apparition!

Viens voir le songeur qui s'enflamme
A mesure qu'il se détruit,
Et de jour en jour dans son âme
A plus de mort et moins de nuit!

Viens! viens dans ma brume hagarde,
Où naît la foi, d'où l'esprit sort,
Où confusément je regarde
Les formes obscures du sort.

Tout s'éclaire aux lueurs funèbres;
Dieu, pour le penseur attristé,
Ouvre toujours dans les ténèbres
De brusques gouffres de clarté.

Avant d'être sur cette terre,
Je sens que jadis j'ai plané;
J'étais l'archange solitaire,
Et mon malheur, c'est d'être né.

Sur mon âme, qui fut colombe,
Viens, toi qui des cieux as le sceau.
Quelquefois une plume tombe
Sur le cadavre d'un oiseau.

Oui, mon malheur irréparable,
C'est de pendre aux deux éléments,
C'est d'avoir en moi, misérable,
De la fange et des firmaments!

Hélas! hélas! c'est d'être un homme;
C'est de songer que j'étais beau,
D'ignorer comment je me nomme,
D'être un ciel et d'être un tombeau!

C'est d'être un forçat qui promène
Son vil labeur sous le ciel bleu;
C'est de porter la hotte humaine
Où j'avais vos ailes, mon Dieu!

C'est de traîner de la matière;
C'est d'être plein, moi, fils du jour,
De la terre du cimetière,
Même quand je m'écrie : Amour!

Marine-Terrace, janvier 1855.

XVI

HORROR

I

Esprit mystérieux qui, le doigt sur ta bouche,
Passes... ne t'en va pas ! parle à l'homme farouche
    Ivre d'ombre et d'immensité,
Parle-moi, toi, front blanc qui dans ma nuit te penches ;
Réponds-moi, toi qui luis et marches sous les branches,
    Comme un souffle de la clarté !

Est-ce toi que chez moi minuit parfois apporte?
Est-ce toi qui heurtais l'autre nuit à ma porte,
    Pendant que je ne dormais pas?
C'est donc vers moi que vient lentement ta lumière?
La pierre de mon seuil peut-être est la première
    Des sombres marches du trépas.

Peut-être qu'à ma porte ouvrant sur l'ombre immense,
L'invisible escalier des ténèbres commence;
    Peut-être, ô pâles échappés,
Quand vous montez du fond de l'horreur sépulcrale,
O morts, quand vous sortez de la froide spirale,
    Est-ce chez moi que vous frappez!

Car la maison d'exil, mêlée aux catacombes,
Est adossée aux murs de la ville des tombes.
    Le proscrit est celui qui sort;
Il flotte submergé comme la nef qui sombre;
Le jour le voit à peine et dit : Quelle est cette ombre?
    Et la nuit dit : Quel est ce mort?

Sois la bienvenue, ombre! ô ma sœur! ô figure
Qui me fais signe alors que sur l'énigme obscure
    Je me penche, sinistre et seul;
Et qui viens, m'effrayant de ta lueur sublime,
Essuyer sur mon front la sueur de l'abîme
    Avec un pan de ton linceul!

II

Oh! que le gouffre est noir et que l'œil est débile!
Nous avons devant nous le silence immobile.
  Qui sommes-nous? où sommes-nous?
Faut-il jouir? faut-il pleurer? Ceux qu'on rencontre
Passent. Quelle est la loi? La prière nous montre
  L'écorchure de ses genoux.

D'où viens-tu? — Je ne sais. — Où vas-tu? — Je l'ignore.
L'homme ainsi parle à l'homme et l'onde au flot sonore.
  Tout va, tout vient, tout ment, tout fuit.
Parfois nous devenons pâles, hommes et femmes,
Comme si nous sentions se fermer sur nos âmes
  La main de la géante nuit.

Nous voyons fuir la flèche et l'ombre est sur la cible.
L'homme est lancé. Par qui? vers qui? Dans l'invisible.
  L'arc ténébreux siffle dans l'air.
En voyant ceux qu'on aime en nos bras se dissoudre,
Nous demandons si c'est pour la mort coup de foudre
  Qu'est faite, hélas! la vie éclair!

Nous demandons, vivants douteux qu'un linceul couvre,
Si le profond tombeau qui devant nous s'entr'ouvre,
    Abîme, espoir, asile, écueil,
N'est pas le firmament plein d'étoiles sans nombre,
Et si tous les clous d'or qu'on voit au ciel dans l'ombre
    Ne sont pas les clous du cercueil.

Nous sommes là; nos dents tressaillent, nos vertèbres
Frémissent; on dirait parfois que les ténèbres,
    O terreur! sont pleines de pas.
Qu'est-ce que l'ouragan, nuit? — C'est quelqu'un qui passe.
Nous entendons souffler les chevaux de l'espace
    Traînant le char qu'on ne voit pas.

L'ombre semble absorbée en une idée unique.
L'eau sanglote; à l'esprit la forêt communique
    Un tremblement contagieux;
Et tout semble éclairé, dans la brume où tout penche,
Du reflet que ferait la grande pierre blanche
    D'un sépulcre prodigieux.

III

La chose est pour la chose ici-bas un problème.
L'être pour l'être est sphinx. L'aube au jour paraît blême;

L'éclair est noir pour le rayon.
Dans la création vague et crépusculaire,
Les objets effarés qu'un jour sinistre éclaire
　　Sont l'un pour l'autre vision.

La cendre ne sait pas ce que pense le marbre;
L'écueil écoute en vain le flot; la branche d'arbre
　　Ne sait pas ce que dit le vent.
Qui punit-on ici? Passez sans vous connaître!
Est-ce toi le coupable, enfant qui viens de naître?
　　O mort, est-ce toi le vivant?

Nous avons dans l'esprit des sommets, nos idées,
Nos rêves, nos vertus, d'escarpements bordées,
　　Et nos espoirs construits sitôt;
Nous tâchons d'appliquer à ces cimes étranges
L'âpre échelle de feu par où montent les anges;
　　Job est en bas. Christ est en haut.

Nous aimons. A quoi bon? Nous souffrons. Pour quoi faire?
Je préfère mourir et m'en aller. Préfère.
　　Allez, choisissez vos chemins.
L'être effrayant se tait au fond du ciel nocturne,
Et regarde tomber de la bouche de l'urne
　　Le flot livide des humains.

Nous pensons. Après? Rampe, esprit! garde tes chaînes.
Quand vous vous promenez le soir parmi les chênes
    Et les rochers aux vagues yeux,
Ne sentez-vous pas l'ombre où vos regards se plongent
Reculer? Savez-vous seulement à quoi songent
    Tous ces muets mystérieux?

Nous jugeons. Nous dressons l'échafaud. L'homme tue
Et meurt. Le genre humain, foule d'erreur vêtue,
    Condamne, extermine, détruit,
Puis s'en va. Le poteau du gibet, ô démence!
O deuil! est le bâton de cet aveugle immense
    Marchant dans cette immense nuit.

Crime! enfer! quel zénith effrayant que le nôtre,
Où les douze Césars toujours l'un après l'autre
    Reviennent, noirs soleils errants!
L'homme, au-dessus de lui, du fond des maux sans borne,
Voit éternellement tourner dans son ciel morne
    Ce zodiaque des tyrans.

IV

Depuis quatre mille ans que, courbé sous la haine,
Perçant sa tombe avec les débris de sa chaîne,

Fouillant le bas, creusant le haut,
Il cherche à s'évader à travers la nature,
L'esprit forçat n'a pas encor fait d'ouverture
    A la voûte du ciel cachot.

Oui, le penseur en vain, dans ses essors funèbres,
Heurte son âme d'ombre au plafond de ténèbres;
    Il tombe, il meurt; son temps est court;
Et nous n'entendons rien, dans la nuit qu'il nous lègue,
Que ce que dit tout bas la création bègue
    A l'oreille du tombeau sourd.

Nous sommes les passants, les foules et les races.
Nous sentons, frissonnants, des souffles sur nos faces.
    Nous sommes le gouffre agité;
Nous sommes ce que l'air chasse au vent de son aile;
Nous sommes les flocons de la neige éternelle
    Dans l'éternelle obscurité.

Pour qui luis-tu, Vénus? Où roules-tu, Saturne?
Ils vont : rien ne répond dans l'éther taciturne.
    L'homme grelotte, seul et nu.
L'étendue aux flots noirs déborde, d'horreur pleine;
L'énigme a peur du mot; l'infini semble à peine
    Pouvoir contenir l'inconnu.

Toujours la nuit! jamais l'azur! jamais l'aurore!
Nous marchons. Nous n'avons point fait un pas encore!
  Nous rêvons ce qu'Adam rêva;
La création flotte et fuit, des vents battue;
Nous distinguons dans l'ombre une immense statue
  Et nous lui disons : Jéhovah!

Marine-Terrace, nuit du 30 mars 1854.

XVII

DOLOR

—

Création! figure en deuil! Isis austère!
Peut-être l'homme est-il son trouble et son mystère?
    Peut-être qu'elle nous craint tous,
Et qu'à l'heure où, ployés sous notre loi mortelle,
Hagards et stupéfaits, nous tremblons devant elle,
    Elle frissonne devant nous!

Ne riez point. Souffrez gravement. Soyons dignes,
Corbeaux, hiboux, vautours, de redevenir cygnes!

Courbons-nous sous l'obscure loi.
Ne jetons pas le doute aux flots comme une sonde.
Marchons sans savoir où, parlons sans qu'on réponde,
Et pleurons sans savoir pourquoi.

Homme, n'exige pas qu'on rompe le silence;
Dis-toi : Je suis puni. Baisse la tête et pense.
C'est assez de ce que tu vois.
Une parole peut sortir du puits farouche,
Ne la demande pas. Si l'abîme est la bouche,
O Dieu! qu'est-ce donc que la voix?

Ne nous irritons pas. Il n'est pas bon de faire,
Vers la clarté qui luit au centre de la sphère,
A travers les cieux transparents,
Voler l'affront, les cris, le rire et la satire,
Et que le chandelier à sept branches attire
Tous ces noirs phalènes errants.

Nais, grandis, rêve, souffre, aime, vis, vieillis, tombe.
L'explication sainte et calme est dans la tombe.
O vivants! ne blasphémons point.
Qu'importe à l'Incréé, qui, soulevant ses voiles,
Nous offre le grand ciel, les mondes, les étoiles,
Qu'une ombre lui montre le poing :

Nous figurons-nous donc qu'à l'heure où tout le prie,
Pendant qu'il crée et vit, pendant qu'il approprie
    A chaque astre une humanité,
Nous pouvons de nos cris troubler sa plénitude,
Cracher notre néant jusqu'en sa solitude,
    Et lui gâter l'éternité?

Être! quand dans l'éther tu dessinas les formes,
Partout où tu traças les orbites énormes
    Des univers qui n'étaient pas,
Des soleils ont jailli, fleurs de flamme, et sans nombre,
Des trous qu'au firmament, en s'y posant dans l'ombre,
    Fit la pointe de ton compas!

Qui sommes-nous? La nuit, la mort, l'oubli, personne.
Il est. Cette splendeur suffit pour qu'on frissonne.
    C'est lui l'amour, c'est lui le feu.
Quand les fleurs en avril éclatent pêle-mêle,
C'est lui. C'est lui qui gonfle, ainsi qu'une mamelle,
    La rondeur de l'océan bleu.

Le penseur cherche l'homme et trouve de la cendre.
Il trouve l'orgueil froid, le mal, l'amour à vendre,
    L'erreur, le sac d'or effronté,
La haine et son couteau, l'envie et son suaire,
En mettant au hasard la main dans l'ossuaire
    Que nous nommons humanité.

Parce que nous souffrons, noirs et sans rien connaître,
Stupide, l'homme dit : — Je ne veux pas de l'Être!
    Je souffre; donc l'Être n'est pas! —
Tu n'admires que toi, vil passant, dans ce monde!
Tu prends pour de l'argent, ô ver! ta bave immonde
    Marquant la place où tu rampas!

Notre nuit veut rayer ce jour qui nous éclaire;
Nous crispons sur ce nom nos doigts pleins de colère :
    Rage d'enfant qui coûte cher!
Et nous nous figurons, race imbécile et dure,
Que nous avons un peu de Dieu dans notre ordure
    Entre notre ongle et notre chair!

Nier l'Être! à quoi bon? L'ironie âpre et noire
Peut-elle se pencher dans le gouffre et le boire,
    Comme elle boit son propre fiel?
Quand notre orgueil le tait, notre douleur le nomme,
Le sarcasme peut-il, en crevant l'œil à l'homme,
    Crever les étoiles au ciel?

Ah! quand nous le frappons, c'est pour nous qu'est la plaie.
Pensons, croyons. Voit-on l'océan qui bégaie
    Mordre avec rage son bâillon?
Adorons-le dans l'astre, et la fleur, et la femme.
O vivants! la pensée est la pourpre de l'âme;
    Le blasphème en est le haillon.

Ne raillons pas. Nos cœurs sont les pavés du temple.
Il nous regarde, lui que l'infini contemple.
    Insensé qui nie et qui mord !
Dans un rire imprudent, ne faisons pas, fils d'Ève,
Apparaître nos dents devant son œil qui rêve,
    Comme elles seront dans la mort.

La femme nue, ayant les hanches découvertes,
Chair qui tente l'esprit, rit sous les feuilles vertes ;
    N'allons pas rire à son côté.
Ne chantons pas : — Jouir est tout. Le ciel est vide. —
La nuit a peur, vous dis-je ! elle devient livide
    En contemplant l'immensité.

O douleur ! clef des cieux ! l'ironie est fumée.
L'expiation rouvre une porte fermée ;
    Les souffrances sont des faveurs.
Regardons, au-dessus des multitudes folles,
Monter vers les gibets et vers les auréoles
    Les grands sacrifiés rêveurs.

Monter, c'est s'immoler. Toute cime est sévère.
L'Olympe lentement se transforme en Calvaire ;
    Partout le martyre est écrit ;
Une immense croix gît dans notre nuit profonde ;
Et nous voyons saigner aux quatre coins du monde
    Les quatre clous de Jésus-Christ.

Ah ! vivants, vous doutez ! ah ! vous riez, squelettes !
Lorsque l'aube apparaît, ceinte de bandelettes
    D'or, d'émeraude et de carmin,
Vous huez, vous prenez, larves que le jour dore,
Pour la jeter au front céleste de l'aurore,
    De la cendre dans votre main.

Vous criez : — Tout est mal. L'aigle vaut le reptile ;
Tout ce que nous voyons n'est qu'une ombre inutile.
    La vie au néant nous vomit.
Rien avant, rien après. Le sage doute et raille. —
Et, pendant ce temps-là, le brin d'herbe tressaille,
    L'aube pleure, et le vent gémit.

Chaque fois qu'ici-bas l'homme, en proie aux désastres,
Rit, blasphème, et secoue, en regardant les astres,
    Le sarcasme, ce vil lambeau,
Les morts se dressent froids au fond du caveau sombre,
Et de leur doigt de spectre écrivent — DIEU — dans l'ombre,
    Sous la pierre de leur tombeau.

Marine-Terrace, 31 mars 1854.

XVIII

Hélas! tout est sépulcre. On en sort, on y tombe :
La nuit est la muraille immense de la tombe.
  Les astres, dont luit la clarté,
Orion, Sirius, Mars, Jupiter, Mercure,
Sont les cailloux qu'on voit dans ta tranchée obscure,
  O sombre fosse Éternité!

Une nuit, un esprit me parla dans un rêve,
Et me dit : — Je suis aigle en un ciel où se lève
    Un soleil qui t'est inconnu.
J'ai voulu soulever un coin du vaste voile;
J'ai voulu voir de près ton ciel et ton étoile;
    Et c'est pourquoi je suis venu;

Et, quand j'ai traversé les cieux grands et terribles,
Quand j'ai vu le monceau des ténèbres horribles
    Et l'abîme énorme où l'œil fuit,
Je me suis demandé si cette ombre où l'on souffre
Pourrait jamais combler ce puits, et si ce gouffre
    Pourrait contenir cette nuit!

Et moi, l'aigle lointain, épouvanté, j'arrive;
Et je crie, et je viens m'abattre sur ta rive,
    Près de toi, songeur sans flambeau.
Connais-tu ces frissons, cette horreur, ce vertige,
Toi, l'autre aigle de l'autre azur? — Je suis, lui dis-je,
    L'autre ver de l'autre tombeau.

        Au dolmen de la Corbière, juin 1855.

XIX

VOYAGE DE NUIT

On conteste, on dispute, on proclame, on ignore.
Chaque religion est une tour sonore;
Ce qu'un prêtre édifie, un prêtre le détruit;
Chaque temple, tirant sa corde dans la nuit,
Fait, dans l'obscurité sinistre et solennelle,
Rendre un son différent à la cloche éternelle;
Nul ne connaît le fond, nul ne voit le sommet.
Tout l'équipage humain semble en démence; on met
Un aveugle en vigie, un manchot à la barre,
A peine a-t-on passé du sauvage au barbare,

A peine a-t-on franchi le plus noir de l'horreur,
A peine a-t-on, parmi le vertige et l'erreur,
Dans ce brouillard où l'homme attend, songe et soupire,
Sans sortir du mauvais, fait un pas hors du pire,
Que le vieux temps revient et nous mord les talons,
Et nous crie : Arrêtez! Socrate dit : Allons!
Jésus-Christ dit : Plus loin ! et le sage et l'apôtre
S'en vont se demander dans le ciel l'un à l'autre
Quel goût a la ciguë et quel goût a le fiel.
Par moments, voyant l'homme ingrat, fourbe et cruel,
Satan lui prend la main sous le linceul de l'ombre.
Nous appelons science un tâtonnement sombre.
L'abîme, autour de nous, lugubre tremblement,
S'ouvre et se ferme; et l'œil s'effraye également
De ce qui s'engloutit et de ce qui surnage.
Sans cesse le progrès, roue au double engrenage,
Fait marcher quelque chose en écrasant quelqu'un.
Le mal peut être joie, et le poison parfum.
Le crime avec la loi, morne et mélancolique,
Lutte; le poignard parle, et l'échafaud réplique.
Nous entendons, sans voir la source ni la fin,
Derrière notre nuit, derrière notre faim,
Rire l'ombre Ignorance et la larve Misère.
Le lis a-t-il raison? et l'astre est-il sincère?
Je dis oui, tu dis non. Ténèbres et rayons
Affirment à la fois. Doute, Adam! nous voyons
De la nuit dans l'enfant, de la nuit dans la femme;
Et sur notre avenir nous querellons notre âme;

Et, brûlé, puis glacé, chaos, semoun, frimas,
L'homme de l'infini traverve les climats.
Tout est brume; le vent souffle avec des huées,
Et de nos passions arrache des nuées;
Rousseau dit : L'homme monte ; et de Maistre : Il descend !
Mais, ô Dieu! le navire énorme et frémissant,
Le monstrueux vaisseau sans agrès et sans voiles,
Qui flotte, globe noir, dans la mer des étoiles,
Et qui porte nos maux, fourmillement humain;
Va, marche, vogue et roule, et connaît son chemin;
Le ciel sombre, où parfois la blancheur semble éclore,
A l'effrayant roulis mêle un frisson d'aurore,
De moment en moment le sort est moins obscur,
Et l'on sent bien qu'on est emporté vers l'azur.

Marine-Terrace, octobre 1855.

XX

RELLIGIO

L'ombre venait; le soir tombait, calme et terrible.
Hermann me dit : — Quelle est ta foi, quelle est ta Bible?
    Parle. Es-tu ton propre géant?
Si tes vers ne sont pas de vains flocons d'écume,
Si ta strophe n'est pas un tison noir qui fume
    Sur le tas de cendre Néant,

Si tu n'es pas une âme en l'abîme engloutie,
Quel est donc ton ciboire et ton eucharistie?

Quelle est donc la source où tu bois ? —
Je me taisais ; il dit : — Songeur qui civilises,
Pourquoi ne vas-tu pas prier dans les églises ? —
    Nous marchions tous deux dans les bois.

Et je lui dis : — Je prie. — Hermann dit : — Dans quel temple ?
Quel est-le célébrant que ton âme contemple,
    Et l'autel qu'elle réfléchit ?
Devant quel confesseur la fais-tu comparaître ?
— L'église, c'est l'azur, lui dis-je ; et quant au prêtre... —
    En ce moment le ciel blanchit.

La lune à l'horizon montait, hostie énorme ;
Tout avait le frisson, le pin, le cèdre et l'orme,
    Le loup, et l'aigle, et l'alcyon ;
Lui montrant l'astre d'or sur la terre obscurcie,
Je lui dis : — Courbe-toi. Dieu lui-même officie,
    Et voici l'élévation.

Marine-Terrace, octobre 1855

XXI

SPES

—

De partout, de l'abîme où n'est pas Jéhovah,
Jusqu'au zénith, plafond où l'espérance va
Se casser l'aile et d'où redescend la prière,
En bas, en haut, au fond, en avant, en arrière,
L'énorme obscurité qu'agitent tous les vents
Enveloppe, linceul, les morts et les vivants,
Et sur le monstrueux, sur l'impur, sur l'horrible,
Laisser tomber les pans de son rideau terrible;
Si l'on parle à la brume effrayante qui fuit,
L'immensité dit : Mort! L'éternité dit : Nuit!

L'âme, sans lire un mot, feuillette un noir registre ;
L'univers tout entier est un géant sinistre ;
L'aveugle est d'autant plus affreux qu'il est plus grand ;
Tout semble le chevet d'un immense mourant ;
Tout est l'ombre ; pareil au reflet d'une lampe,
Au fond, une lueur imperceptible rampe ;
C'est à peine un coin blanc, pas même une rougeur.
Un seul homme debout, qu'ils nomment le songeur,
Regarde la clarté du haut de la colline ;
Et tout, hormis le coq à la voix sibylline,
Raille et nie ; et, passants confus, marcheurs nombreux,
Toute la foule éclate en rires ténébreux
Quand ce vivant, qui n'a d'autre signe lui-même
Parmi tous ces fronts noirs que d'être le front blême,
Dit en montrant ce point vague et lointain qui luit :
Cette blancheur est plus que toute cette nuit !

Janvier 1856.

XXII

CE QUE C'EST QUE LA MORT

Ne dites pas : Mourir; dites : Naître. Croyez.
On voit ce que je vois et ce que vous voyez;
On est l'homme mauvais que je suis, que vous êtes;
On se rue aux plaisirs, aux tourbillons, aux fêtes;
On tâche d'oublier le bas, la fin, l'écueil;
La sombre égalité du mal et du cercueil;
Quoique le plus petit vaille le plus prospère;
Car tous les hommes sont les fils du même père.
Ils ont la même larme et sortent du même œil.
On vit, usant ses jours à se remplir d'orgueil :

On marche, on court, on rêve, on souffre, on penche, on tombe
On monte. Quelle est donc cette aube? C'est la tombe.
Où suis-je? Dans la mort. Viens! Un vent inconnu
Vous jette au seuil des cieux. On tremble; on se voit nu,
Impur, hideux, noué des mille nœuds funèbres
De ses torts, de ses maux honteux, de ses ténèbres;
Et soudain on entend quelqu'un dans l'infini
Qui chante, et par quelqu'un on sent qu'on est béni,
Sans voir la main d'où tombe à notre âme méchante
L'amour, et sans savoir quelle est la voix qui chante.
On arrive homme, deuil, glaçon, neige; on se sent
Fondre et vivre; et, d'extase et d'azur s'emplissant,
Tout notre être frémit de la défaite étrange
Du monstre qui devient dans la lumière un ange.

Au dolmen de la tour Blanche, jour des Morts, novembre 1854.

XXIII

LES MAGES

I

Pourquoi donc faites-vous des prêtres
Quand vous en avez parmi vous?
Les esprits conducteurs des êtres
Portent un signe sombre et doux.
Nous naissons tous ce que nous sommes.
Dieu de ses mains sacre des hommes

Dans les ténèbres des berceaux ;
Son effrayant doigt invisible
Écrit sous leur crâne la bible
Des arbres, des monts et des eaux.

Ces hommes, ce sont des poëtes ;
Ceux dont l'aile monte et descend ;
Toutes les bouches inquiètes
Qu'ouvre le verbe frémissant ;
Les Virgiles, les Isaïes ;
Toutes les âmes envahies
Par les grandes brumes du sort ;
Tous ceux en qui Dieu se concentre ;
Tous les yeux où la lumière entre,
Tous les fronts d'où le rayon sort.

Ce sont ceux qu'attend Dieu propice
Sur les Horebs et les Thabors ;
Ceux que l'horrible précipice
Retient blêmissants à ses bords ;
Ceux qui sentent la pierre vivre ;
Ceux que Pan formidable enivre ;
Ceux qui sont tout pensifs devant
Les nuages, ces solitudes
Où passent en mille attitudes
Les groupes sonores du vent.

Ce sont les sévères artistes
Que l'aube attire à ses blancheurs,
Les savants, les inventeurs tristes,
Les puiseurs d'ombre, les chercheurs,
Qui ramassent dans les ténèbres
Les faits, les chiffres, les algèbres,
Le nombre où tout est contenu,
Le doute où nos calculs succombent,
Et tous les morceaux noirs qui tombent!
Du grand fronton de l'inconnu!

Ce sont les têtes fécondées
Vers qui monte et croît pas à pas
L'océan confus des idées,
Flux que la foule ne voit pas,
Mer de tous les infinis pleine,
Que Dieu suit, que la nuit amène,
Qui remplit l'homme de clarté,
Jette aux rochers l'écume amère,
Et lave les pieds nus d'Homère
Avec un flot d'éternité!

Le poëte s'adosse à l'arche.
David chante et voit Dieu de près;
Hésiode médite et marche,
Grand prêtre fauve des forêts;

Moïse, immense créature,
Étend ses mains sur la nature;
Manès parle au gouffre puni,
Écouté des astres sans nombre...—
Génie! ô tiare de l'ombre!
Pontificat de l'infini!

L'un à Patmos, l'autre à Tyane;
D'autres criant : Demain! demain
D'autres qui sonnent la diane
Dans les sommeils du genre humain;
L'un fatal, l'autre qui pardonne;
Eschyle en qui frémit Dodone,
Milton, songeur de Whitehall,
Toi, vieux Shakspeare, âme éternelle;
O figures dont la prunelle
Est la vitre de l'idéal!

Avec sa spirale sublime,
Archimède sur son sommet
Rouvrirait le puits de l'abîme
Si jamais Dieu le refermait;
Euclide a les lois sous sa garde;
Kopernic éperdu regarde,
Dans les grands cieux aux mers pareils,
Gouffre où voguent des nefs sans proues,

Tourner toutes ces sombres roues
Dont les moyeux sont des soleils.

Les Thalès, puis les Pythagores ;
Et l'homme, parmi ses erreurs,
Comme dans l'herbe les fulgores,
Voit passer ces grands éclaireurs.
Aristophane rit des sages ;
Lucrèce, pour franchir les âges,
Crée un poëme dont l'œil luit,
Et donne à ce monstre sonore
Toutes les ailes de l'aurore,
Toutes les griffes de la nuit.

Rites profonds de la nature !
Quelques-uns de ces inspirés
Acceptent l'étrange aventure
Des monts noirs et des bois sacrés,
Ils vont aux Thébaïdes sombres,
Et, là, blêmes dans les décombres,
Ils courbent le tigre fuyant,
L'hyène rampant sur le ventre,
L'océan, la montagne et l'antre,
Sous leur sacerdoce effrayant !

Tes cheveux sont gris sur l'abîme,
Jérôme, ô vieillard du désert !
Élie, un pâle esprit t'anime,
Un ange épouvanté te sert.
Amos, aux lieux inaccessibles,
Des sombres clairons invisibles
Ton oreille entend les accords ;
Ton âme, sur qui Dieu surplombe,
Est déjà toute dans la tombe,
Et tu vis absent de ton corps.

Tu gourmandes l'âme échappée,
Saint Paul, ô lutteur redouté,
Immense apôtre de l'épée,
Grand vaincu de l'éternité !
Tu luis, tu frappes, tu réprouves ;
Et tu chasses du doigt ces louves,
Cythérée, Isis, Astarté ;
Tu veux punir et non absoudre,
Géant, et tu vois dans la foudre
Plus de glaive que de clarté.

Orphée est courbé sur le monde ;
L'éblouissant est ébloui ;
La création est profonde
Et monstrueuse autour de lui ;

Les rochers, ces rudes hercules,
Combattent dans les crépuscules
L'ouragan, sinistre inconnu;
La mer en pleurs dans la mêlée
Tremble, et la vague échevelée
Se cramponne à leur torse nu.

Baruch au juste dans la peine
Dit : — Frère! vos os sont meurtris;
Votre vertu dans nos murs traîne
La chaîne affreuse du mépris;
Mais comptez sur la délivrance,
Mettez en Dieu votre espérance,
Et de cette nuit du destin,
Demain, si vous avez su croire,
Vous vous lèverez plein de gloire,
Comme l'étoile du matin ! —

L'âme des Pindares se hausse
A la hauteur des Pélions;
Daniel chante dans la fosse
Et fait sortir Dieu des lions.
Tacite sculpte l'infamie;
Perse, Archiloque et Jérémie
Ont le même éclair dans les yeux;
Car le crime à sa suite attire

Les âpres chiens de la satire
Et le grand tonnerre des cieux.

Et voilà les prêtres du rire,
Scarron, noué dans les douleurs,
Ésope, que le fouet déchire,
Cervante aux fers, Molière en pleurs!
Le désespoir et l'espérance!
Entre Démocrite et Térence,
Rabelais, que nul ne comprit;
berce Adam pour qu'il s'endorme,
Et son éclat de rire énorme
Est un des gouffres de l'esprit!

Et Plaute, à qui parlent les chèvres,
Arioste chantant Médor,
Catulle, Horace, dont les lèvres
Font venir les abeilles d'or;
Comme le double Dioscure,
Anacréon près d'Épicure,
Bion, tout pénétré de jour,
Moschus, sur qui l'Etna flamboie,
Voilà les prêtres de la joie!
Voilà les prêtres de l'amour!

Gluck et Beethoven sont à l'aise
Sous l'ange où Jacob se débat;
Mozart sourit, et Pergolèse
Murmure ce grand mot : Stabat!
Le noir cerveau de Piranèse
Est une béante fournaise
Où se mêlent l'arche et le ciel,
L'escalier, la tour, la colonne;
Où croît, monte, s'enfle et bouillonne
L'incommensurable Babel!

L'envie à leur ombre ricane.
Ces demi-dieux signent leur nom,
Bramante sur la Vaticane,
Phidias sur le Parthénon;
Sur Jésus dans sa crèche blanche,
L'altier Buonarotti se penche
Comme un mage et comme un aïeul,
Et dans tes mains, ô Michel-Ange!
L'enfant devient spectre, et le lange
Est plus sombre que le linceul!

Chacun d'eux écrit un chapitre
Du rituel universel;
Les uns sculptent le saint pupitre,
Les autres dorent le missel;

Chacun fait son verset du psaume :
Lysippe, debout sur l'Ithome,
Fait sa strophe en marbre serein,
Rembrandt à l'ardente paupière,
En toile, Primatice en pierre,
Job en fumier, Dante en airain.

Et toutes ces strophes ensemble
Chantent l'être et montent à Dieu ;
L'une adore et luit, l'autre tremble ;
Toutes sont des griffons de feu ;
Toutes sont le cri des abîmes,
L'appel d'en bas, la voix des cimes,
Le frisson de notre lambeau,
L'hymne instinctif ou volontaire,
L'explication du mystère
Et l'ouverture du tombeau !

A nous qui ne vivons qu'une heure,
Elles font voir les profondeurs,
Et la misère intérieure,
Ciel, à côté de vos grandeurs !
L'homme, esprit captif, les écoute,
Pendant qu'en son cerveau le doute,
Bête aveugle aux lueurs d'en haut,
Pour y prendre l'âme indignée,

Suspend sa toile d'araignée
Au crâne, plafond du cachot.

Elles consolent, aiment, pleurent,
Et, mariant l'idée aux sens,
Ceux qui restent à ceux qui meurent,
Les grains de cendre aux grains d'encens,
Mêlant le sable aux pyramides,
Rendent en même temps humides,
Rappelant à l'un que tout fuit,
A l'autre sa splendeur première,
L'œil de l'astre dans la lumière,
Et l'œil du monstre dans la nuit!

II

Oui, c'est un prêtre que Socrate!
Oui, c'est un prêtre que Caton!
Quand Juvénal fuit Rome ingrate,
Nul sceptre ne vaut son bâton;
Ce sont des prêtres, les Tyrtées,
Les Solons aux lois respectées,

Les Platons et les Raphaëls!
Fronts d'inspirés, d'esprits, d'arbitres!
Plus resplendissants que les mitres
Dans l'auréole des Noëls!

Vous voyez, fils de la nature,
Apparaître à votre flambeau
Des faces de lumière pure,
Larves du vrai, spectres du beau;
Le mystère en Grèce, en Chaldée,
Penseurs, grave à vos fronts l'idée
Et l'hiéroglyphe à vos murs;
Et les Indes et les Égyptes
Dans les ténèbres de vos cryptes
S'enfoncent en porches obscurs!

Quand les cigognes du Caystre
S'envolent aux souffles des soirs;
Quand la lune apparaît sinistre
Derrière les grands dômes noirs;
Quand la trombe aux vagues s'appuie;
Quand l'orage, l'horreur, la pluie,
Que tordent les bises d'hiver,
Répandent avec des huées
Toutes les larmes des nuées
Sur tous les sanglots de la mer;

Quand dans les tombeaux les vents jouent
Avec les os des rois défunts;
Quand les hautes herbes secouent
Leur chevelure de parfums;
Quand sur nos deuils et sur nos fêtes
Toutes les cloches des tempêtes
Sonnent au suprême beffroi;
Quand l'aube étale ses opales,
C'est pour ces contemplateurs pâles
Penchés dans l'éternel effroi!

Ils savent ce que le soir calme
Pense des morts qui vont partir,
Et ce que préfère la palme,
Du conquérant ou du martyr;
Ils entendent ce que murmure
La voile, la gerbe, l'armure,
Ce que dit, dans le mois joyeux
Des longs jours et des fleurs écloses,
La petite bouche des roses
A l'oreille immense des cieux.

Les vents, les flots, les cris sauvages,
L'azur, l'horreur du bois jauni,
Sont les formidables breuvages
De ces altérés d'infini;

Ils ajoutent, rêveurs austères,
A leur âme tous les mystères,
Toute la matière à leurs sens;
Ils s'enivrent de l'étendue;
L'ombre est une coupe tendue
Où boivent ces sombres passants.

Comme ils regardent, ces messies!
Oh! comme ils songent effarés!
Dans les ténèbres épaissies
Quels spectateurs démesurés!
Oh! que de têtes stupéfaites!
Poëtes, apôtres, prophètes,
Méditant, parlant, écrivant,
Sous des suaires, sous des voiles,
Les plis des robes pleins d'étoiles,
Les barbes au gouffre du vent!

III

Savent-ils ce qu'ils font eux-même,
Ces acteurs du drame profond?
Savent-ils leur propre problème?
Ils sont. Savent-ils ce qu'ils sont?

Ils sortent du grand vestiaire
Où, pour s'habiller de matière,
Parfois l'ange même est venu.
Graves, tristes, joyeux, fantasques,
Ne sont-ils pas les sombres masques
De quelque prodige inconnu ?

La joie ou la douleur les farde :
Ils projettent confusément,
Plus loin que la terre blafarde,
Leurs ombres sur le firmament ;
Leurs gestes étonnent l'abîme ;
Pendant qu'aux hommes, tourbe infime,
Ils parlent le langage humain,
Dans des profondeurs qu'on ignore,
Ils font surgir l'ombre ou l'aurore,
Chaque fois qu'ils lèvent la main.

Ils ont leur rôle ; ils ont leur forme ;
Ils vont, vêtus d'humanité,
Jouant la comédie énorme
De l'homme et de l'éternité ;
Ils tiennent la torche ou la coupe ;
Nous tremblerions si dans leur groupe,
Nous, troupeau, nous pénétrions ;
Les astres d'or et la nuit sombre

Se font des questions dans l'ombre
Sur ces splendides histrions.

IV

Ah! ce qu'ils font est l'œuvre auguste.
Ces histrions sont les héros!
Ils sont le vrai, le saint, le juste,
Apparaissant à nos barreaux.
Nous sentons, dans la nuit mortelle,
La cage en même temps que l'aile;
Ils nous font espérer un peu;
Ils sont lumière et nourriture;
Ils donnent au cœur la pâture,
Ils émiettent aux âmes Dieu!

Devant notre race asservie
Le ciel se tait, et rien n'en sort.
Est-ce le rideau de la vie?
Est-ce le voile de la mort?
Ténèbres! l'âme en vain s'élance,
L'inconnu garde le silence,

Et l'homme, qui se sent banni,
Ne sait s'il redoute ou s'il aime
Cette lividité suprême
De l'énigme et de l'infini.

Eux, ils parlent à ce mystère !
Ils interrogent l'éternel,
Ils appellent le solitaire,
Ils montent, ils frappent au ciel,
Disent : Es-tu là ? dans la tombe,
Volent, pareils à la colombe
Offrant le rameau qu'elle tient,
Et leur voix est grave, humble ou tendre,
Et par moments on croit entendre
Le pas sourd de quelqu'un qui vient.

V

Nous vivons, debout à l'entrée
De la mort, gouffre illimité,
Nus, tremblants, la chair pénétrée
Du frisson de l'énormité;

Nos morts sont dans cette marée!
Nous entendons, foule égarée
Dont le vent souffle le flambeau,
Sans voir de voiles ni de rames,
Le bruit que font ces vagues d'âmes
Sous la falaise du tombeau.

Nous regardons la noire écume,
L'aspect hideux, le front bruni;
Nous regardons la nuit, la brume,
L'onde du sépulcre infini;
Comme un oiseau de mer effleure
La haute rive où gronde et pleure
L'Océan plein de Jéhovah,
De temps en temps, blanc et sublime,
Par-dessus le mur de l'abîme
Un ange paraît et s'en va.

Quelquefois une plume tombe
De l'aile où l'ange se berçait;
Retourne-t-elle dans la tombe?
Que devient-elle? On ne le sait.
Se mêle-t-elle à notre fange?
Et qu'a donc crié cet archange?
A-t-il dit non? a-t-il dit oui?
Et la foule cherche, accourue,

En bas la plume disparue,
En haut l'archange évanoui !

Puis, après qu'ont fui comme un rêve
Bien des cœurs morts, bien des yeux clos,
Après qu'on a vu sur la grève
Passer des flots, des flots, des flots,
Dans quelque grotte fatidique,
Sous un doigt de feu qui l'indique,
On trouve un homme surhumain
Traçant des lettres enflammées
Sur un livre plein de fumées,
La plume de l'ange à la main !

Il songe, il calcule, il soupire,
Son poing puissant sous son menton ;
Et l'homme dit : Je suis Shakspeare.
Et l'homme dit : Je suis Newton,
L'homme dit : Je suis Ptolémée :
Et dans sa grande main fermée
Il tient le globe de la nuit.
L'homme dit : Je suis Zoroastre ;
Et son sourcil abrite un astre,
Et sous son crâne un ciel bleuit !

V

Oui, grâce aux penseurs, à ces sages,
A ces fous qui disent : Je vois!
Les ténèbres sont des visages,
Le silence s'emplit de voix!
L'homme, comme âme, en Dieu palpite,
Et, comme être, se précipite
Dans le progrès audacieux;
Le muet renonce à se taire;
Tout luit; la noirceur de la terre
S'éclaire à la blancheur des cieux.

Ils tirent de la créature
Dieu par l'esprit et le scalpel;
Le grand caché de la nature
Vient hors de l'antre à leur appel;
A leur voix, l'ombre symbolique
Parle, le mystère s'explique,
La nuit est pleine d'yeux de lynx;
Sortant de force, le problème
Ouvre les ténèbres lui-même,
Et l'énigme éventre le sphinx.

Oui, grâce à ces hommes suprêmes,
Grâce à ces poëtes vainqueurs,
Construisant des autels poëmes
Et prenant pour pierres les cœurs,
Comme un fleuve d'âme commune,
Du blanc pylône à l'âpre rune,
Du brahme au flamine romain,
De l'hiérophante au druide,
Une sorte de Dieu fluide
Coule aux veines du genre humain.

VII

Le noir cromlech, épars dans l'herbe,
Est sur le mont silencieux;
L'archipel est sur l'eau superbe;
Les pléiades sont dans les cieux;
O mont! ô mer! voûte sereine!
L'herbe, la mouette, l'âme humaine,
Que l'hiver désole ou poursuit,
Interrogent, sombres proscrites,
Ces trois phrases dans l'ombre écrites
Sur les trois pages de la nuit.

— O vieux cromlech de la Bretagne,
Qu'on évite comme un récif,
Qu'écris-tu donc sur la montagne?
— Nuit! répond le cromlech pensif.
— Archipel où la vague fume,
Quel mot jettes-tu dans la brume?
— Mort! dit la roche à l'alcyon.
— Pléiades qui percez nos voiles,
Qu'est-ce que disent vos étoiles?
— Dieu! dit la constellation.

C'est, ô noirs témoins de l'espace!
Dans trois langues le même mot!
Tout ce qui s'obscurcit, vit, passe,
S'effeuille et meurt, tombe là-haut.
Nous faisons tous la même course.
Être abîme, c'est être source.
Le crêpe de la nuit en deuil,
La pierre de la tombe obscure,
Le rayon de l'étoile pure,
Sont les paupières du même œil!

L'unité reste, l'aspect change!
Pour becqueter le fruit vermeil,
Les oiseaux volent à l'orange,
Et les comètes au soleil;

Tout est l'atome et tout est l'astre ;
La paille porte, humble pilastre,
L'épi d'où naissent les cités,
La fauvette à la tête blonde
Dans la goutte d'eau boit un monde... —
Immensités ! immensités !

Seul, la nuit, sur sa plate-forme,
Herschel poursuit l'être central
A travers la lentille énorme,
Cristallin de l'œil sidéral ;
Il voit en haut Dieu dans les mondes,
Tandis que, des hydres profondes
Scrutant les monstrueux combats,
Le microscope formidable,
Plein de l'horreur de l'insondable,
Regarde l'infini d'en bas !

VIII

Dieu, triple feu, triple harmonie,
Amour, puissance, volonté,

Prunelle énorme d'insomnie,
De flamboiement et de bonté,
Vu dans toute l'épaisseur noire,
Montrant ses trois faces de gloire
A l'âme, à l'être, au firmament,
Effarant les yeux et les bouches,
Emplit les profondeurs farouches
D'un immense éblouissement.

Tous ces mages, l'un qui réclame,
L'autre qui voulut ou couva,
Ont un rayon qui de leur âme
Va jusqu'à l'œil de Jéhovah ;
Sur leur trône leur esprit songe ;
Une lueur qui d'en haut plonge,
Qui descend du ciel sur les monts
Et de Dieu sur l'homme qui souffre,
Rattaché au triangle du gouffre
L'escarboucle des Salomons.

IX

Ils parlent à la solitude,
Et la solitude comprend.

Ils parlent à la multitude,
Et font écumer ce torrent ;
Ils font vibrer les édifices ;
Ils inspirent les sacrifices
Et les inébranlables lois;
Sombres, ils ont en eux, pour muse,
La palpitation confuse
De tous les êtres à la fois.

Comment naît un peuple ? Mystère !
A de certains moments, tout bruit
A disparu ; toute la terre
Semble une plaine de la nuit ;
Toute lueur s'est éclipsée ;
Pas de Verbe, pas de pensée,
Rien dans l'ombre et rien dans le ciel,
Pas un œil n'ouvre ses paupières... —
Le désert blême est plein de pierres,
Ézéchiel ! Ézéchiel !

Mais un vent sort des cieux sans bornes,
Grondant comme les grandes eaux,
Et souffle sur ces pierres mornes,
Et de ces pierres fait des os ;
Ces os frémissent, tas sonore ;
Et le vent souffle, et souffle encore

Sur ce triste amas agité,
Et de ces os il fait des hommes,
Et nous nous levons, et nous sommes,
Et ce vent, c'est la liberté!

Ainsi s'accomplit la genèse
Du grand rien d'où naît le grand tout.
Dieu pensif dit : Je suis bien aise
Que ce qui gisait soit debout.
Le néant dit : J'étais souffrance;
La douleur dit : Je suis la France!
O formidable vision!
Ainsi tombe le noir suaire ;
Le désert devient ossuaire,
Et l'ossuaire nation.

X

Tout est la mort, l'horreur, la guerre;
L'homme par l'ombre est éclipsé;
L'Ouragan par toute la terre
Court comme un enfant insensé.

Il brise à l'hiver les feuillages,
L'éclair aux cimes, l'onde aux plages,
A la tempête le rayon ;
Car c'est l'ouragan qui gouverne
Toute cette étrange caverne
Que nous nommons Création.

L'ouragan, qui broie et torture,
S'alimente, monstre croissant,
De tout ce que l'âpre nature
A d'horrible et de menaçant ;
La lave en feu le désaltère ;
Il va de Quito, blanc cratère
Qu'entoure un éternel glaçon,
Jusqu'à l'Hékla, mont, gouffre et geôle,
Bout de la mamelle du pôle
Que tette ce noir nourrisson !

L'ouragan est la force aveugle,
L'agitateur du grand linceul ;
Il rugit, hurle, siffle, beugle,
Étant toute l'hydre à lui seul ;
Il flétrit ce qui veut éclore ;
Il dit au printemps, à l'aurore,
A la paix, à l'amour : Va-t'en !
Il est rage et foudre ; il se nomme

Barbarie et crime pour l'homme,
Nuit pour les cieux, pour Dieu Satan.

C'est le souffle de la matière,
De toute la nature craint;
L'esprit, ouragan de lumière,
Le poursuit, le saisit, l'étreint;
L'esprit terrasse, abat, dissipe
Le principe par le principe;
Il combat, en criant : Allons!
Le chaos par les harmonies,
Les éléments par les génies,
Par les aigles les aquilons!

Ils sont là, hauts de cent coudées,
Christ en tête, Homère au milieu,
Tous les combattants des idées,
Tous les gladiateurs de Dieu;
Chaque fois qu'agitant le glaive,
Une forme de mal se lève
Comme un forçat dans son préau,
Dieu, dans leur phalange complète,
Désigne quelque grand athlète
De la stature du fléau.

Surgis, Volta! dompte en ton aire
Les Fluides, noir Phlégéthon!
Viens, Franklin! voici le Tonnerre.
Le Flot gronde; parais, Fulton!
Rousseau! prends corps à corps la Haine.
L'Esclavage agite sa chaîne;
O Voltaire! aide au paria!
La Grève rit, Tyburn flamboie,
L'affreux chien Montfaucon aboie,
On meurt... — Debout, Beccaria!

Il n'est rien que l'homme ne tente.
La foudre craint cet oiseleur.
Dans la blessure palpitante
Il dit : Silence! à la douleur.
Sa vergue peut-être est une aile;
Partout où parvient sa prunelle,
L'âme emporte ses pieds de plomb;
L'étoile, dans sa solitude,
Regarde avec inquiétude
Blanchir la voile de Colomb.

Près de la science l'art flotte,
Les yeux sur le double horizon :
La poésie est un pilote;
Orphée accompagne Jason.

Un jour, une barque perdue
Vit à la fois dans l'étendue
Un oiseau dans l'air spacieux,
Un rameau dans l'eau solitaire ;
Alors Gama cria : La terre !
Et Camoëns cria : Les cieux !

Ainsi s'entassent les conquêtes.
Les songeurs sont les inventeurs.
Parlez, dites ce que vous êtes,
Forces, ondes, aimants, moteurs !
Tout est stupéfait dans l'abîme :
L'ombre, de nous voir sur la cime,
Les monstres, qu'ont les ait bravés
Dans les cavernes étonnées,
Les perles, d'être devinées,
Et les mondes, d'être trouvés !

Dans l'ombre immense du Caucase,
Depuis des siècles, en rêvant,
Conduit par les hommes d'extase,
Le genre humain marche en avant ;
Il marche sur la terre : il passe,
Il va dans la nuit, dans l'espace,
Dans l'infini, dans le borné,
Dans l'azur, dans l'onde irritée,

A la lueur de Prométhée,
Le libérateur enchaîné!

XI

Oh! vous êtes les seuls pontifes,
Penseurs, lutteurs des grands espoirs,
Dompteurs des fauves hippogriffes,
Cavaliers des Pégases noirs!
Ames devant Dieu toutes nues,
Voyant des choses inconnues,
Vous savez la religion!
Quand votre esprit veut fuir dans l'ombre,
La nuée aux croupes sans nombre
Lui dit : Me voici, Légion!

Et, quand vous sortez du problème,
Célébrateurs, révélateurs!
Quand, rentrant dans la foule blême,
Vous redescendez des hauteurs,
Hommes que le jour divin gagne,
Ayant mêlé, sur la montagne

Où montent vos chants et nos vœux,
Votre front au front de l'aurore,
O géants! vous avez encore
De ses rayons dans les cheveux!

Allez tous à la découverte!
Entrez au nuage grondant!
Et rapportez à l'herbe verte,
Et rapportez au sable ardent,
Rapportez, quel que soit l'abîme,
A l'Enfer que Satan opprime,
Au Tartare, où saigne Ixion,
Aux cœurs bons, à l'âme méchante,
A tout ce qui rit, mord ou chante,
La grande bénédiction!

Oh! tous à la fois, aigles, âmes,
Esprits, oiseaux, essors, raisons,
Pour prendre en vos serres les flammes,
Pour connaître les horizons,
A travers l'ombre et les tempêtes,
Ayant au-dessus de vos têtes
Mondes et soleils, au-dessous
Inde, Égypte, Grèce et Judée,
De la montagne et de l'idée,
Envolez-vous! envolez-vous!

N'est-ce pas que c'est ineffable
De se sentir immensité,
D'éclairer ce qu'on croyait fable
A ce qu'on trouve vérité,
De voir le fond du grand cratère,
De sentir en soi du mystère
Entrer tout le frisson obscur,
D'aller aux astres, étincelle,
Et de se dire : Je suis l'aile !
Et de se dire : J'ai l'azur !

Allez, prêtres ! allez, génies !
Cherchez la note humaine, allez
Dans les suprêmes symphonies
Des grands abîmes étoilés !
En attendant l'heure dorée,
L'extase de la mort sacrée,
Loin de nous, troupeaux soucieux,
Loin des lois que nous établîmes,
Allez goûter, vivants sublimes,
L'évanouissement des cieux !

Janvier 1856.

XXIV

EN FRAPPANT A UNE PORTE

J'ai perdu mon père et ma mère,
Mon premier-né, bien jeune, hélas!
Et pour moi la nature entière
    Sonne le glas.

Je dormais entre mes deux frères;
Enfants, nous étions trois oiseaux;

Hélas! le sort change en deux bières
Leurs deux berceaux.

Je t'ai perdue, ô fille chère!
Toi qui remplis, ô mon orgueil!
Tout mon destin de la lumière
De ton cercueil.

J'ai su monter, j'ai su descendre.
J'ai vu l'aube et l'ombre en mes cieux.
J'ai connu la pourpre, et la cendre,
Qui me va mieux.

J'ai connu les ardeurs profondes,
J'ai connu les sombres amours ;
J'ai vu fuir les ailes, les ondes,
Les vents, les jours.

J'ai sur ma tête des orfraies;
J'ai sur tous mes travaux l'affront,
Aux pieds la foudre, au cœur des plaies,
L'épine au front.

J'ai des pleurs à mon œil qui pense,
Des trous à ma robe en lambeau ;
Je n'ai rien à la conscience ;
    Ouvre, tombeau.

Marine-Terrace, 4 septembre 1855.

XXV

NOMEN, NUMEN, LUMEN

Quand il eut terminé, quand les soleils épars,
Éblouis, du chaos montant de toutes parts,
Se furent tous rangés à leur place profonde,
Il sentit le besoin de se donner au monde;
Et l'être formidable et serein se leva;
Il se dressa sur l'ombre et cria : Jéhovah!

Et dans l'immensité ces sept lettres tombèrent ;
Et ce sont, dans les cieux que nos yeux réverbèrent,
Au-dessus de nos fronts tremblants sous leur rayon,
Les sept astres géants du noir septentrion.

Minuit, au dolmen du Faldouct, mars 1855.

XXVI

CE QUE DIT LA BOUCHE D'OMBRE

———

L'homme en songeant descend au gouffre universel.
J'errais près du dolmen qui domine Rozel,
A l'endroit où le cap se prolonge en presqu'île.
Le spectre m'attendait ; l'être sombre et tranquille

Me prit par les cheveux dans sa main qui grandit,
M'emporta sur le haut du rocher, et me dit :

———

Sache que tout connaît sa loi, son but, sa route;
Que, de l'astre au ciron, l'immensité s'écoute;
Que tout a conscience en la création;
Et l'oreille pourrait avoir sa vision,
Car les choses et l'être ont un grand dialogue.
Tout parle; l'air qui passe et l'alcyon qui vogue,
Le brin d'herbe, la fleur, le germe, l'élément.
T'imagines-tu donc l'univers autrement?
Crois-tu que Dieu, par qui la forme sort du nombre,
Aurait fait à jamais sonner la forêt sombre,
L'orage, le torrent roulant de noirs limons,
Le rocher dans les flots, la bête dans les monts,
La mouche, le buisson, la ronce où croît la mûre,
Et qu'il n'aurait rien mis dans l'éternel murmure?
Crois-tu que l'eau du fleuve et les arbres des bois,
S'ils n'avaient rien à dire, élèveraient la voix?
Prends-tu le vent des mers pour un joueur de flûte?
Crois-tu que l'Océan, qui se gonfle et qui lutte,
Serait content d'ouvrir sa gueule jour et nuit
Pour souffler dans le vide une vapeur de bruit,
Et qu'il voudrait rugir, sous l'ouragan qui vole,
Si son rugissement n'était une parole?

Crois-tu que le tombeau, d'herbe et de nuit vêtu,
Ne soit rien qu'un silence? et te figures-tu
Que la création profonde, qui compose
Sa rumeur des frissons du lis et de la rose,
De la foudre, des flots, des souffles du ciel bleu,
Ne sait ce qu'elle dit quand elle parle à Dieu?
Crois-tu qu'elle ne soit qu'une langue épaissie?
Crois-tu que la nature énorme balbutie,
Et que Dieu se serait, dans son immensité,
Donné pour tout plaisir, pendant l'éternité,
D'entendre bégayer une sourde-muette?
Non, l'abîme est un prêtre et l'ombre est un poëte!
Non, tout est une voix et tout est un parfum;
Tout dit dans l'infini quelque chose à quelqu'un;
Une pensée emplit le tumulte superbe.
Dieu n'a pas fait un bruit sans y mêler le Verbe.
Tout, comme toi, gémit, ou chante comme moi;
Tout parle. Et maintenant, homme, sais-tu pourquoi
Tout parle? Écoute bien. C'est que vents, ondes, flammes,
Arbres, roseaux, rochers, tout vit!

      Tout est plein d'âmes.

Mais comment? Oh! voilà le mystère inouï.
Puisque tu ne t'es pas en route évanoui,
Causons.

Dieu n'a créé que l'être impondérable.
Il le fit radieux, beau, candide, adorable,
Mais imparfait; sans quoi, sur la même hauteur,
La créature étant égale au Créateur,
Cette perfection, dans l'infini perdue,
Se serait avec Dieu mêlée et confondue,
Et a création, à force de clarté,
En lui serait rentrée et n'aurait pas été.
La création sainte où rêve le prophète,
Pour être, ô profondeur! devait être imparfaite.

Donc, Dieu fit l'univers, l'univers fit le mal.

L'être créé, paré du rayon baptismal,
En des temps dont nous seuls conservons la mémoire,
Planait dans la splendeur sur des ailes de gloire;
Tout était chant, encens, flamme, éblouissement;
L'être errait, aile d'or, dans un rayon charmant,
Et de tous les parfums tour à tour était l'hôte;
Tout nageait, tout volait.

      Or la première faute

Fut le premier poids.

Dieu sentit une douleur.
Le poids prit une forme, et, comme l'oiseleur
Fuit emportant l'oiseau qui frissonne et qui lutte,
Il tomba, traînant l'ange éperdu dans sa chute.
Le mal était fait. Puis tout alla s'aggravant ;
Et l'éther devint l'air, et l'air devint le vent ;
L'ange devint l'esprit, et l'esprit devint l'homme.
L'âme tomba, des maux multipliant la somme,
Dans la brute, dans l'arbre, et même, au-dessous d'eux,
Dans le caillou pensif, cet aveugle hideux.
Êtres vils qu'à regret les anges énumèrent !
Et de tous ces amas des globes se formèrent,
Et derrière ces blocs naquit la sombre nuit.
Le mal, c'est la matière. Arbre noir, fatal fruit.

———

Ne réfléchis-tu pas lorsque tu vois ton ombre ?
Cette forme de toi, rampante, horrible, sombre,
Qui, liée à tes pas comme un spectre vivant,
Va tantôt en arrière et tantôt en avant,
Qui se mêle à la nuit, sa grande sœur funeste,
Et qui contre le jour, noire et dure, proteste,
D'où vient-elle ? De toi, de ta chair, du limon
Dont l'esprit se revêt en devenant démon ;

De ce corps qui, créé par la faute première,
Ayant rejeté Dieu, résiste à la lumière ;
De ta matière, hélas! de ton iniquité.
Cette ombre dit : — Je suis l'être d'infirmité ;
Je suis tombé déjà ; je puis tomber encore. —
L'ange laisse passer à travers lui l'aurore ;
Nul simulacre obscur ne suit l'être anomal ;
Homme, tout ce qui fait de l'ombre a fait le mal.

———

Maintenant, c'est ici le rocher fatidique,
Et je vais t'expliquer tout ce que je t'indique ;
Je vais t'emplir les yeux de nuit et de lueurs.
Prépare-toi, front triste, aux funèbres sueurs.
Le vent d'en haut sur moi passe, et, ce qu'il m'arrache,
Je te le jette ; prends, et vois.

       Et, d'abord, sache
Que le monde où tu vis est un monde effrayant
Devant qui le songeur, sous l'infini ployant,
Lève les bras au ciel et recule terrible.
Ton soleil est lugubre et ta terre est horrible.
Vous habitez le seuil du monde châtiment.
Mais vous n'êtes pas hors de Dieu complétement ;

Dieu, soleil dans l'azur, dans la cendre étincelle,
N'est hors de rien, étant la fin universelle ;
L'éclair est son regard, autant que le rayon ;
Et tout, même le mal, est la création.
Car le dedans du masque est encor la figure.

— O sombre aile invisible à l'immense envergure !
Esprit ! esprit ! esprit ! m'écriai-je éperdu.
Le spectre poursuivit sans avoir entendu :

———

Faisons un pas de plus dans ces choses profondes.

Homme, tu veux, tu fais, tu construis et tu fondes,
Et tu dis : — Je suis seul, car je suis le penseur.
L'univers n'a que moi dans sa morne épaisseur.
En deçà, c'est la nuit ; au delà, c'est le rêve.
L'idéal est un œil que la science crève,
C'est moi qui suis la fin et qui suis le sommet. —
Voyons ; observes-tu le bœuf qui se soumet ?
Écoutes-tu le bruit de ton pas sur les marbres ?
Interroges-tu l'onde ? et, quand tu vois des arbres,
Parles-tu quelquefois à ces religieux ?
Comme sur le versant d'un mont prodigieux,

Vaste mêlée aux bruits confus, du fond de l'ombre,
Tu vois monter à toi la création sombre.
Le rocher est plus loin, l'animal est plus près.
Comme le faîte altier et vivant, tu parais!
Mais, dis, crois-tu que l'être illogique nous trompe?
L'échelle que tu vois, crois-tu qu'elle se rompe?
Crois-tu, toi dont les sens d'en haut sont éclairés,
Que la création qui, lente et par degrés,
S'élève à la lumière, et, dans sa marche entière,
Fait de plus de clarté luire moins de matière
Et mêle plus d'instincts au monde décroissant,
Crois-tu que cette vie énorme, remplissant
De souffles le feuillage et de lueurs la tête,
Qui va du roc à l'arbre et de l'arbre à la bête,
Et de la pierre à toi monte insensiblement,
S'arrête sur l'abîme à l'homme, escarpement?
Non, elle continue, invincible, admirable,
Entre dans l'invisible et dans l'impondérable,
Y disparaît pour toi, chair vile, emplit l'azur
D'un monde éblouissant, miroir du monde obscur,
D'êtres voisins de l'homme et d'autres qui s'éloignent,
D'esprits purs, de voyants dont les splendeurs témoignent,
D'anges faits de rayons comme l'homme d'instincts
Elle plonge à travers les cieux jamais atteints;
Sublime ascension d'échelles étoilées,
Des démons enchaînés monte aux âmes ailées,
Fait toucher le front sombre au radieux orteil,
Rattache l'astre esprit à l'archange soleil,

Relie, en traversant des millions de lieues,
Les groupes constellés et les légions bleues,
Peuple le haut, le bas, les bords et le milieu,
Et dans les profondeurs s'évanouit en Dieu!

Cette échelle apparaît vaguement dans la vie
Et dans la mort. Toujours les justes l'ont gravie :
Jacob en la voyant, et Caton sans la voir.
Ses échelons sont deuil, sagesse, exil, devoir.

Et cette échelle vient de plus loin que la terre.
Sache qu'elle commence aux mondes du mystère,
Aux mondes des terreurs et des perditions;
Et qu'elle vient, parmi les pâles visions,
Du précipice où sont les larves et les crimes,
Où la création, effrayant les abîmes,
Se prolonge dans l'ombre en spectre indéfini.
Car, au-dessous du globe où vit l'homme banni,
Hommes, plus bas que vous, dans le nadir livide,
Dans cette plénitude horrible qu'on croit vide,
Le mal, qui par la chair, hélas! vous asservit,
Dégorge une vapeur monstrueuse qui vit!
Là, sombre et s'engloutit, dans des flots de désastres,
L'hydre Univers tordant son corps écaillé d'astres;
Là, tout flotte et s'en va dans un naufrage obscur;
Dans ce gouffre sans bord, sans soupirail, sans mur,

De tout ce qui vécut pleut sans cesse la cendre ;
Et l'on voit tout au fond, quand l'œil ose y descendre,
Au delà de la vie, et du souffle et du bruit,
Un affreux soleil noir d'où rayonne la nuit !

———

Donc, la matière pend à l'idéal, et tire
L'esprit vers l'animal, l'ange vers le satyre,
Le sommet vers le bas, l'amour vers l'appétit.
Avec le grand qui croule elle fait le petit.

Comment de tant d'azur tant de terreur s'engendre,
Comment le jour fait l'ombre et le feu pur la cendre,
Comment la cécité peut naître du voyant,
Comment le ténébreux descend du flamboyant,
Comment du monstre esprit naît le monstre matière,
Un jour, dans le tombeau, sinistre vestiaire,
Tu le sauras ; la tombe est faite pour savoir ;
Tu verras ; aujourd'hui, tu ne peux qu'entrevoir ;
Mais, puisque Dieu permet que ma voix t'avertisse,
Je te parle.

   Et, d'abord, qu'est-ce que la justice ?
Qui la rend ? qui la fait ? où ? quand ? à quel moment ?

Qui donc pèse la faute? et qui le châtiment?

L'être créé se meut dans la lumière immense.

Libre, il sait où le bien cesse, où le mal commence;
Il a ses actions pour juges.

      Il suffit
Qu'il soit méchant ou bon; tout est dit. Ce qu'on fit,
Crime, est notre geôlier, ou, vertu, nous délivre.
L'être ouvre à son insu de lui-même le livre;
Sa conscience calme y marque avec le doigt
Ce que l'ombre lui garde ou ce que Dieu lui doit.
On agit, et l'on gagne ou l'on perd à mesure;
On peut être étincelle ou bien éclaboussure,
Lumière ou fange, archange au vol d'aigle ou bandit;
L'échelle vaste est là. Comme je te l'ai dit,
Par des zones sans fin la vie universelle
Monte, et par des degrés innombrables ruisselle,
Depuis l'infâme nuit jusqu'au charmant azur.
L'être en la traversant devient mauvais ou pur.
En haut règne la joie; en bas l'horreur se traîne,
Selon que l'âme, aimante, humble, bonne, sereine,

Aspire à la lumière et tend vers l'idéal,
Ou s'alourdit, immonde, au poids croissant du mal,
Dans la vie infinie on monte et l'on s'élance,
Ou l'on tombe; et tout être est sa propre balance.

Dieu ne nous juge point. Vivant tous à la fois,
Nous pesons, et chacun descend selon son poids.

———

Homme! nous n'approchons que les paupières closes
De ces immensités d'en bas.

       Viens, si tu l'oses!
Regarde dans ce puits morne et vertigineux,
De la création compte les sombres nœuds,
Viens, vois, sonde :

      Au-dessous de l'homme qui contemple,
Qui peut être un cloaque ou qui peut être un temple,
Être en qui l'instinct vit dans la raison dissous,
Est l'animal courbé vers la terre; au-dessous
De la brute est la plante inerte, sans paupière
Et sans cris; au-dessous de la plante est la pierre;

Au-dessous de la pierre est le chaos sans nom.

Avançons dans cette ombre et sois mon compagnon.

———

Toute faute qu'on fait est un cachot qu'on s'ouvre.
Les mauvais, ignorant quel mystère les couvre,
Les êtres de fureur, de sang, de trahison,
Avec leurs actions bâtissent leur prison ;
Tout bandit, quand la mort vient lui toucher l'épaule
Et l'éveille, hagard, se retrouve en la geôle
Que lui fit son forfait derrière lui rampant;
Tibère en un rocher, Séjan dans un serpent.

L'homme marche sans voir ce qu'il fait dans l'abîme.
L'assassin pâlirait, s'il voyait sa victime :
C'est lui. L'oppresseur vil, le tyran sombre et fou,
En frappant sans pitié sur tous, forge le clou
Qui le clouera dans l'ombre au fond de la matière.

Les tombeaux sont les trous du crible cimetière,
D'où tombe, graine obscure en un ténébreux champ,

L'effrayant tourbillon des âmes.

———

Tout méchant
Fait naître en expirant le monstre de sa vie,
Qui le saisit. L'horreur par l'horreur est suivie.
Nemrod gronde enfermé dans la montagne à pic;
Quand Dalila descend dans la tombe, un aspic
Sort des plis du linceul, emportant l'âme fausse;
Phryné meurt, un crapaud saute hors de la fosse;
Ce scorpion au fond d'une pierre dormant,
C'est Clytemnestre aux bras d'Égisthe son amant;
Du tombeau d'Anytus il sort une ciguë;
Le houx sombre et l'ortie à la piqûre aiguë
Pleurent quand l'aquilon les fouette, et l'aquilon
Leur dit : Tais-toi, Zoïle! et souffre, Ganelon!
Dieu livre, choc affreux dont la plaine au loin gronde,
Au cheval Brunehaut le pavé Frédégonde;
La pince qui rougit dans le brasier hideux
Est faite du duc d'Albe et de Philippe Deux;
Farinace est le croc des noires boucheries;
L'orfraie au fond de l'ombre a les yeux de Jeffryes;
Tristan est au secret dans le bois d'un gibet.
Quand tombent dans la mort tous ces brigands, Macbeth,
Ezzelin, Richard Trois, Carrier, Ludovic Sforce,

La matière leur met la chemise de force.
Oh! comme en son bonheur, qui masque un sombre arrêt,
Messaline ou l'horrible Isabeau frémirait,
Si, dans ses actions du sépulcre voisines,
Cette femme sentait qu'il lui vient des racines,
Et qu'ayant été monstre, elle deviendra fleur!
A chacun son forfait! à chacun sa douleur!
Claude est l'algue que l'eau traîne de havre en havre;
Xercès est excrément, Charles Neuf est cadavre;
Hérode, c'est l'osier des berceaux vagissants;
L'âme du noir Judas, depuis dix-huit cents ans,
Se disperse et renaît dans les crachats des hommes;
Et le vent qui jadis soufflait sur les Sodomes
Mêle, dans l'âtre abject et sous le vil chaudron,
La fumée Érostrate à la flamme Néron.

———

Et tout, bête, arbre et roche, étant vivant sur terre,
Tout est monstre, excepté l'homme, esprit solitaire.

L'âme que sa noirceur chasse du firmament
Descend dans les degrés divers du châtiment
Selon que plus ou moins d'obscurité la gagne.
L'homme en est la prison, la bête en est le bagne,
L'arbre en est le cachot, la pierre en est l'enfer.
Le ciel d'en haut, le seul qui soit splendide et clair,

La suit des yeux dans l'ombre, et, lui jetant l'aurore,
Tâche, en la regardant, de l'attirer encore.
O chute! dans la bête, à travers les barreaux
De l'instinct, obstruant de pâles soupiraux,
Ayant encor la voix, l'essor et la prunelle,
L'âme entrevoit de loin la lueur éternelle :
Dans l'arbre elle frissonne, et, sans jour et sans yeux,
Sent encor dans le vent quelque chose des cieux ;
Dans la pierre elle rampe, immobile, muette,
Ne voyant même plus l'obscure silhouette
Du monde qui s'éclipse et qui s'évanouit,
Et face à face avec son crime dans la nuit,
L'âme en ces trois cachots traîne sa faute noire.
Comme elle en a la forme, elle en a la mémoire ;
Elle sait ce qu'elle est ; et, tombant sans appuis,
Voit la clarté décroître à la paroi du puits ;
Elle assiste à sa chute ; et, dur caillou qui roule,
Pense : Je suis Octave ; et, vil chardon qu'on foule,
Crie au talon : Je suis Attila le géant ;
Et, ver de terre au fond du charnier, et rongeant
Un crâne infect et noir, dit : Je suis Cléopâtre.
Et, hibou, malgré l'aube, ours, en bravant le pâtre,
Elle accomplit la loi qui l'enchaîne d'en haut ;
Pierre, elle écrase ; épine, elle pique : il le faut.
Le monstre est enfermé dans son horreur vivante.
Il aurait beau vouloir dépouiller l'épouvante ;
Il faut qu'il reste horrible et reste châtié ;
O mystère ! le tigre a peut-être pitié !

Le tigre sur son dos, qui peut-être eut une aile,
A l'ombre des barreaux de la cage éternelle;
Un invisible fil lie aux noirs échafauds
Le noir corbeau, dont l'aile est en forme de faux;
L'âme louve ne peut s'empêcher d'être louve,
Car le monstre est tenu, sous le ciel qui l'éprouve,
Dans l'expiation par la fatalité.
Jadis, sans la comprendre et d'un œil hébété,
L'Inde a presque entrevu cette métempsycose.
La ronce devient griffe, et la feuille de rose
Devient langue de chat, et, dans l'ombre et les cris,
Horrible, lèche et boit le sang de la souris;
Qui donc connaît le monstre appelé mandragore?
Qui sait ce que, le soir, éclaire le fulgore,
Être en qui la laideur devient une clarté?
Ce qui se passe en l'ombre où croît la fleur d'été
Efface la terreur des antiques avernes.
Étages effrayants! cavernes sur cavernes,
Ruche obscure du mal, du crime et du remord!

Donc, une bête va, vient, rugit, hurle, mord!
Un arbre est là, dressant ses branches hérissées,
Une dalle s'effondre au milieu des chaussées
Que la charrette écrase et que l'hiver détruit,
Et, sous ces épaisseurs de matière et de nuit,
Arbre, bête, pavé, poids que rien ne soulève,
Dans cette profondeur terrible, une âme rêve!

Que fait-elle ? Elle songe à Dieu !

                     Fatalité !
Échéance ! retour ! revers ! autre côté !
O loi ! pendant qu'assis à table, joyeux groupe,
Les pervers, les puissants, vidant toutes les coupes,
Oubliant qu'aujourd'hui par demain est guetté,
Étalent leur mâchoire en leur folle gaieté,
Voilà ce qu'en sa nuit muette et colossale,
Montrant contre eux ses dents tout au fond de la salle,
Leur réserve la mort, ce sinistre rieur !

Nous avons, nous, voyants du ciel supérieur,
Le spectacle inouï de vos régions basses.
O songeur ! fallait-il qu'en ces nuits tu tombasses !
Nous écoutons le cri de l'immense malheur.
Au-dessous d'un rocher, d'un loup ou d'une fleur,
Parfois nous apparaît l'âme à mi-corps sortie,
Pauvre ombre en pleurs qui lutte, hélas ! presque engloutie ;
Le loup la tient, le roc étreint ses pieds qu'il tord,
Et la fleur implacable et féroce la mord.

Nous entendons le bruit du rayon que Dieu lance,
La voix de ce que l'homme appelle le silence,
Et vos soupirs profonds, cailloux désespérés !
Nous voyons la pâleur de tous les fronts murés.
A travers la matière, affreux caveau sans portes,
L'ange est pour nous visible avec ses ailes mortes.
Nous assistons aux deuils, au blasphème, aux regrets,
Aux fureurs ; et, la nuit, nous voyons les forêts,
D'où cherchent à s'enfuir les larves enfermées,
S'écheveler dans l'ombre en lugubres fumées.
Partout, partout, partout ! dans les flots, dans les bois,
Dans l'herbe en fleur, dans l'or qui sert de sceptre aux rois,
Dans le jonc dont Hermès se fait une baguette,
Partout le châtiment contemple, observe ou guette,
Sourd aux questions, triste, affreux, pensif, hagard ;
Et tout est l'œil d'où sort ce terrible regard.

O châtiment ! dédale aux spirales funèbres !
Construction d'en bas qui cherche les ténèbres,
Plonge au-dessous du monde et descend dans la nuit,
Et, Babel renversée, au fond de l'ombre fuit !

L'homme qui plane et rampe, être crépusculaire,
En est le milieu.

L'homme est clémence et colère;
Fond vil du puits, plateau radieux de la tour;
Degré d'en haut pour l'ombre, et d'en bas pour le jour.
L'ange y descend, la bête après la mort y monte;
Pour la bête, il est gloire, et, pour l'ange, il est honte;
Dieu mêle en votre race, hommes infortunés,
Les demi-dieux punis aux monstres pardonnés.

De là vient que, parfois — mystère que Dieu mène! —
On entend d'une bouche en apparence humaine
Sortir des mots pareils à des rugissements,
Et que, dans d'autres lieux et dans d'autres moments,
On croit voir sur un front s'ouvrir des ailes d'ange.

Roi forçat, l'homme, esprit, pense, et, matière, mange;
L'âme en lui ne se peut dresser sur son séant.
L'homme, comme la brute, abreuvé de néant,
Vide toutes les nuits le verre noir du somme.
La chaîne de l'enfer, liée au pied de l'homme,
Ramène chaque jour vers le cloaque impur
La beauté, le génie, envolés dans l'azur,

Mêle la peste au souffle idéal des poitrines,
Et traîne, avec Socrate, Aspasie aux latrines.

———

Par un côté pourtant l'homme est illimité.
Le monstre a le carcan, l'homme a la liberté.
Songeur, retiens ceci : l'homme est un équilibre.
L'homme est une prison où l'âme reste libre.
L'âme, dans l'homme, agit, fait le bien, fait le mal,
Remonte vers l'esprit, remonte à l'animal ;
Et pour que, dans son vol vers les cieux, rien ne lie
Sa conscience ailée et de Dieu seul remplie,
Dieu, quand une âme éclôt dans l'homme au bien poussé,
Casse en son souvenir le fil de son passé ;
De là vient que la nuit en sait plus que l'aurore.
Le monstre se connaît lorsque l'homme s'ignore.
Le monstre est la souffrance, et l'homme est l'action.
L'homme est l'unique point de la création
Où, pour demeurer libre en se faisant meilleure,
L'âme doive oublier sa vie antérieure.
Mystère! au seuil de tout l'esprit rêve ébloui.

———

L'homme ne voit pas Dieu, mais peut aller à lui,
En suivant la clarté du bien, toujours présente;
Le monstre, arbre, rocher ou bête rugissante,
Voit Dieu, c'est là sa peine, et reste enchaîné loin.

L'homme a l'amour pour aile et pour joug le besoin.
L'ombre est sur ce qu'il voit par lui-même semée;
La nuit sort de son œil ainsi qu'une fumée;
Homme, tu ne sais rien; tu marches, pâlissant!
Parfois le voile obscur qui te couvre, ô passant!
S'envole et flotte au vent soufflant d'une autre sphère,
Gonfle un moment ses plis jusque dans la lumière,
Puis retombe sur toi, spectre, et redevient noir.
Tes sages, tes penseurs, ont essayé de voir;
Qu'ont-ils vu, qu'ont-ils fait, qu'ont-ils dit, ces fils d'Ève?
Rien.

Homme! autour de toi la création rêve,
Mille êtres inconnus t'entourent dans ton mur.
Tu vas, tu viens, tu dors sous leur regard obscur,
Et tu ne les sens pas vivre autour de ta vie :
Toute une légion d'âmes t'est asservie;
Pendant qu'elle te plaint, tu la foules aux pieds.
Tous tes pas vers le jour sont par l'ombre épiés.
Ce que tu nommes chose, objet, nature morte,
Sait, pense, écoute, entend. Le verrou de ta porte

Voit arriver ta faute et voudrait se fermer.
Ta vitre connaît l'aube, et dit : Voir! croire! aimer!
Les rideaux de ton lit frissonnent de tes songes.
Dans les mauvais desseins quand, rêveur, tu te plonges,
La cendre dit au fond de l'âtre sépulcral :
Regarde-moi; je suis ce qui reste du mal.
Hélas! l'homme imprudent trahit, torture, opprime.
La bête en son enfer voit les deux bouts du crime;
Un loup pourrait donner des conseils à Néron.
Homme! homme! aigle aveuglé, moindre qu'un moucheron!
Pendant que dans ton Louvre ou bien dans ta chaumière
Tu vis, sans même avoir épelé la première
Des constellations, sombre alphabet qui luit
Et tremble sur la plage immense de la nuit,
Pendant que tu maudis et pendant que tu nies,
Pendant que tu dis : Non! aux astres; aux génies :
Non! à l'idéal : Non! à la vertu : Pourquoi?
Pendant que tu te tiens en dehors de la loi,
Copiant les dédains inquiets ou robustes
De ces sages qu'on voit rêver dans les vieux bustes,
Et que tu dis : Que sais-je? amer, froid, mécréant,
Prostituant ta bouche au rire du néant,
A travers le taillis de la nature énorme,
Flairant l'éternité de son museau difforme,
Là, dans l'ombre, à tes pieds, homme, ton chien voit Dieu.

Ah! je t'entends. Tu dis : — Quel deuil! la bête est peu,
L'homme n'est rien. O loi misérable! ombre! abîme! —

O songeur! cette loi misérable est sublime.
Il faut donc tout redire à ton esprit chétif!
A la fatalité, loi du monstre captif,
Succède le devoir, fatalité de l'homme.
Ainsi de toutes parts l'épreuve se consomme,
Dans le monstre passif, dans l'homme intelligent,
La nécessité morne en devoir se changeant,
Et l'âme remontant à sa beauté première,
Va de l'ombre fatale à la libre lumière.
Or, je te le redis, pour se transfigurer
Et pour se racheter, l'homme doit ignorer.
Il doit être aveuglé par toutes les poussières.
Sans quoi, comme l'enfant guidé par des lisières,
L'homme vivrait, marchant droit à la vision.
Douter est sa puissance et sa punition.
Il voit la rose, et nie; il voit l'aurore, et doute;
Où serait le mérite à retrouver sa route,
Si l'homme, voyant clair, roi de sa volonté,
Avait la certitude, ayant la liberté?
Non. Il faut qu'il hésite en la vaste nature,
Qu'il traverse du choix l'effrayante nature,
Et qu'il compare au vice agitant son miroir,
Au crime, aux voluptés, l'œil en pleurs du devoir;

Il faut qu'il doute! Hier croyant, demain impie;
Il court du mal au bien ; il scrute, sonde, épie,
Va, revient, et, tremblant, agenouillé, debout,
Les bras étendus, triste, il cherche Dieu partout;
Il tâte l'infini jusqu'à ce qu'il l'y sente;
Alors son âme ailée éclate frémissante;
L'ange éblouissant luit dans l'homme transparent.
Le doute le fait libre, et la liberté, grand.
La captivité sait; la liberté suppose,
Creuse, saisit l'effet, le compare à la cause,
Croit vouloir le bien-être et veut le firmament;
Et, cherchant le caillou, trouve le diamant.
C'est ainsi que du ciel l'âme à pas lents s'empare.

Dans le monstre, elle expie; en l'homme, elle répare.

Oui, ton fauve univers est le forçat de Dieu.
Les constellations, sombres lettres de feu,
Sont les marques du bagne à l'épaule du monde.
Dans votre région tant d'épouvante abonde,
Que, pour l'homme, marqué lui-même du fer chaud,
Quand il lève les yeux vers les astres, là-haut,
Le cancer resplendit, le scorpion flamboie,
Et dans l'immensité le chien sinistre aboie!

Ces soleils inconnus se groupent sur son front
Comme l'effroi, le deuil, la menace et l'affront ;
De toutes parts s'étend l'ombre incommensurable ;
En bas l'obscur, l'impur, le mauvais, l'exécrable,
Le pire, tas hideux, fourmillent ; tout au fond,
Ils échangent entre eux dans l'ombre ce qu'ils font ;
Typhon donne l'horreur, Satan donne le crime ;
Lugubre intimité du mal et de l'abîme !
Amour de l'âme monstre et du monstre univers !
Baiser triste ! et l'informe engendré du pervers,
La matière, le bloc, la fange, la géhenne,
L'écume, le chaos, l'hiver, nés de la haine,
Les faces de beauté qu'habitent les démons,
Tous les êtres maudits, mêlés aux vils limons,
Pris par la plante fauve et la bête féroce,
Le grincement de dents, la peur, le rire atroce,
L'orgueil, que l'infini courbe sous son niveau,
Rampent, noirs prisonniers, dans la nuit, noir caveau.
La porte, affreuse et faite avec de l'ombre, est lourde ;
Par moments, on entend, dans la profondeur sourde,
Les efforts que les monts, les flots, les ouragans,
Les volcans, les forêts, les animaux brigands,
Et tous les monstres font pour soulever le pêne ;
Et sur cet amas d'ombre, et de crime, et de peine,
Ce grand ciel formidable est le scellé de Dieu.

Voilà pourquoi, songeur dont la mort est le vœu,

Tant d'angoisse est empreinte au front des cénobites!

Je viens de te montrer le gouffre. Tu l'habites.

Les mondes, dans la nuit que vous nommez l'azur,
Par les brèches que fait la mort blême à leur mur,
Se jettent en fuyant l'un à l'autre des âmes.

Dans votre globe où sont tant de geôles infâmes,
Vous avez des méchants de tous les univers,
Condamnés qui, venus des cieux les plus divers,
Rêvent dans vos rochers, ou dans vos arbres ploient;
Tellement stupéfaits de ce monde qu'ils voient,
Qu'eussent-ils la parole, ils ne pourraient parler.
On en sent quelques-uns frissonner et trembler.
De là les songes vains du bonze et de l'augure.

Donc, représente-toi cette sombre figure :
Ce gouffre, c'est l'égout du mal universel.

Ici vient aboutir de tous les points du ciel
La chute des punis, ténébreuse traînée.
Dans cette profondeur, morne, âpre, infortunée,
De chaque globe il tombe un flot vertigineux
D'âmes, d'esprits malsains et d'êtres vénéneux,
Flot que l'éternité voit sans fin se répandre.
Chaque étoile au front d'or qui brille laisse pendre
Sa chevelure d'ombre en ce puits effrayant.
Ame immortelle, vois, et frémis en voyant :
Voilà le précipice exécrable où tu sombres.

Oh! qui que vous soyez, qui passez dans ces ombres,
Versez votre pitié sur ces douleurs sans fond!
Dans ce gouffre, où l'abîme en l'abîme se fond,
Se tordent les forfaits, transformés en supplices,
L'effroi, le deuil, le mal, les ténèbres complices,
Les pleurs sous la toison, le soupir expiré
Dans la fleur, et le cri dans la pierre muré!
Oh! qui que vous soyez, pleurez sur ces misères!
Pour Dieu seul, qui sait tout, elles sont nécessaires;
Mais vous pouvez pleurer sur l'énorme cachot
Sans déranger le sombre équilibre d'en haut!
Hélas! hélas! hélas! tout est vivant! tout pense!
La mémoire est la peine, étant la récompense.

Oh! comme ici l'on souffre et comme on se souvient !
Torture de l'esprit que la matière tient !
La brute et le granit, quel chevalet pour l'âme !
Ce mulet fut sultan, ce cloporte était femme.
L'arbre est un exilé, la roche est un proscrit.
Est-ce que, quelque part, par hasard, quelqu'un rit
Quand ces réalités sont là, remplissant l'ombre ?
La ruine, la mort, l'ossement, le décombre,
Sont vivants. Un remords songe dans un débris.
Pour l'œil profond qui voit les antres sont des cris.
Hélas ! le cygne est noir, le lis songe à ses crimes ;
La perle est nuit ; la neige est la fange des cimes ;
Le même gouffre, horrible et fauve, et sans abri,
S'ouvre dans la chouette et dans le colibri ;
La mouche, âme, s'envole et se brûle à la flamme ;
Et la flamme, esprit, brûle avec angoisse une âme ;
L'horreur fait frissonner les plumes de l'oiseau ;
Tout est douleur.

      Les fleurs souffrent sous le ciseau,
Et se ferment ainsi que des paupières closes :
Toutes les femmes sont teintes du sang des roses ;

La vierge au bal, qui danse, ange aux fraîches couleurs,
Et qui porte en sa main une touffe de fleurs,
Respire en souriant un bouquet d'agonies.
Pleurez sur les laideurs et les ignominies,
Pleurez sur l'araignée immonde, sur le ver,
Sur la limace au dos mouillé comme l'hiver,
Sur le vil puceron qu'on voit aux feuilles pendre,
Sur le crabe hideux, sur l'affreux scolopendre,
Sur l'effrayant crapaud, pauvre monstre aux doux yeux,
Qui regarde toujours le ciel mystérieux!
Plaignez l'oiseau de crime et la bête de proie.
Ce que Domitien, César, fit avec joie,
Tigre, il le continue avec horreur. Verrès,
Qui fut loup sous la pourpre, est loup dans les forêts;
Il descend, réveillé, l'autre côté du rêve :
Son rire, au fond des bois, en hurlement s'achève;
Pleurez sur ce qui hurle et pleurez sur Verrès,
Sur ces tombeaux vivants, marqués d'obscurs arrêts,
Penchez-vous attendri! versez votre prière!
La pitié fait sortir des rayons de la pierre.
Plaignez le louveteau, plaignez le lionceau.
La matière, affreux bloc, n'est que le lourd monceau
Des effets monstrueux, sortis des sombres causes.
Ayez pitié! voyez des âmes dans les choses.
Hélas! le cabanon subit aussi l'écrou;
Plaignez le prisonnier, mais plaignez le verrou;
Plaignez la chaîne au fond des bagnes insalubres;
La hache et le billot sont deux êtres lugubres;

La hache souffre autant que le corps, le billot
Souffre autant que la tête; ô mystères d'en haut!
Ils se livrent une âpre et hideuse bataille;
Il ébrèche la hache et la hache l'entaille;
Ils se disent tout bas l'un à l'autre : Assassin!
Et la hache maudit les hommes, sombre essaim,
Quand, le soir, sur le dos du bourreau, son ministre,
Elle revient dans l'ombre, et luit, miroir sinistre,
Ruisselante de sang et reflétant les cieux;
Et, la nuit, dans l'état morne et silencieux,
Le cadavre au cou rouge, effrayant, glacé, blême,
Seul, sait ce que lui dit le billot, tronc lui-même.
Oh! que la terre est froide et que les rocs sont durs!
Quelle muette horreur dans les halliers obscurs!
Les pleurs noirs de la nuits sur la colombe blanche
Tombent; le vent met nue et torture la branche;
Quel monologue affreux dans l'arbre aux rameaux verts!
Quel frisson dans l'herbe! Oh! quels yeux fixes ouverts
Dans les cailloux profonds, oubliettes des âmes!
C'est une âme que l'eau scie en ses froides lames;
C'est une âme que fait ruisseler le pressoir.
Ténèbres! l'univers est hagard. Chaque soir,
Le noir horizon monte et la nuit noire tombe;
Tous deux, à l'occident, d'un mouvement de tombe,
Ils vont se rapprochant, et, dans le firmament,
O terreur! sur le jour, écrasé lentement,
La tenaille de l'ombre effroyable se ferme.
Oh! les berceaux font peur. Un bagne est dans un germe.

Ayez pitié, vous tous et qui que vous soyez !
Les hideux châtiments, l'un sur l'autre broyés,
Roulent, submergeant tout, excepté les mémoires.

Parfois on voit passer dans ces profondeurs noires
Comme un rayon lointain de l'éternel amour ;
Alors, l'hyène Atrée et le chacal Timour,
Et l'épine Caïphe et le roseau Pilate,
Le volcan Alaric à la gueule écarlate,
L'ours Henri Huit, pour qui Morus en vain pria,
Le sanglier Sélim et le porc Borgia,
Poussent des cris vers l'Être adorable ; et les bêtes
Qui portèrent jadis des mitres sur leurs têtes,
Les grains de sable rois, les brins d'herbe empereurs,
Tous les hideux orgueils et toutes les fureurs,
Se brisent ; la douceur saisit le plus farouche ;
Le chat lèche l'oiseau, l'oiseau baise la mouche ;
Le vautour dit dans l'ombre au passereau : Pardon !
Une caresse sort du houx et du chardon,
Tous les rugissements se fondent en prières ;
On entend s'accuser de leurs forfaits les pierres ;
Tous ces sombres cachots qu'on appelle les fleurs
Tressaillent ; le rocher se met à fondre en pleurs ;
Des bras se lèvent hors de la tombe dormante ;
Le vent gémit, la nuit se plaint, l'eau se lamente ;

Et sous l'œil attendri qui regarde d'en haut,
Tout l'abîme n'est plus qu'un immense sanglot.

Espérez ! espérez ! espérez, misérables !
Pas de deuil infini, pas de maux incurables,
    Pas d'enfer éternel !
Les douleurs vont à Dieu, comme la flèche aux cibles ;
Les bonnes actions sont les gonds invisibles
    De la porte du ciel.

Le deuil est la vertu, le remords est le pôle
Des monstres garrottés dont le gouffre est la geôle ;
    Quand, devant Jéhovah,
Un vivant reste pur dans les ombres charnelles,
La mort, ange attendri, rapporte ses deux ailes
    A l'homme qui s'en va.

Les enfers se refont édens; c'est là leur tâche.
Tout globe est un oiseau que le mal tient et lâche.
  Vivants, je vous le dis,
Les vivants, parmi vous, font ce labeur auguste
D'augmenter sur vos fronts le ciel; quiconque est juste
  Travaille au paradis.

L'heure approche. Espérez. Rallumez l'âme éteinte !
Aimez-vous ! aimez-vous ! car c'est la chaleur sainte,
  C'est le feu du vrai jour.
Le sombre univers, froid, glacé, pesant, réclame
La sublimation de l'être par la flamme,
  De l'homme par l'amour !

Déjà, dans l'océan d'ombre que Dieu domine,
L'archipel ténébreux des bagnes s'illumine;
  Dieu, c'est le grand aimant;
Et les globes, ouvrant leur sinistre prunelle,
Vers les immensités de l'aurore éternelle
  Se tournent lentement !

Oh ! comme vont chanter toutes les harmonies,
Comme rayonneront dans les sphères bénies
  Les faces de clartés,

Comme les firmaments se fondront en délires,
Comme tressailliront toutes les grandes lyres
    De la sérénité,

Quand, du monstre matière ouvrant toutes les serres,
Faisant évanouir en splendeurs les misères,
    Changeant l'absinthe en miel,
Inondant de beauté la nuit diminuée,
Ainsi que le soleil tire à lui la nuée
    Et l'emplit d'arcs-en-ciel,

Dieu, de son regard fixe attirant les ténèbres,
Voyant vers lui, du fond des cloaques funèbres
    Où le mal le pria,
Monter l'énormité, bégayant des louanges,
Fera rentrer, parmi les univers archanges,
    L'univers paria !

On verra palpiter les fanges éclairées,
Et briller les laideurs les plus désespérées
    Au faîte le plus haut,
L'araignée éclatante au seuil des bleus pilastres
Luire, et se redresser, portant des épis d'astres,
    La paille du cachot !

La clarté montera dans tout comme une séve;
On verra rayonner au front du bœuf qui rêve
　　　　Le céleste croissant;
Le charnier chantera dans l'horreur qui l'encombre,
Et sur tous les fumiers apparaîtra dans l'ombre
　　　　Un Job resplendissant!

O disparition de l'antique anathème!
La profondeur disant à la hauteur : Je t'aime!
　　　　O retour du banni!
Quel éblouissement au fond des cieux sublimes!
Quel surcroît de clarté que l'ombre des abîmes
　　　　S'écriant : Sois béni!

On verra le troupeau des hydres formidables
Sortir, monter du fond des brumes insondables
　　　　Et se transfigurer;
Des étoiles éclore aux trous noirs de leurs crânes,
Dieu juste! et, par degrés devenant diaphanes,
　　　　Les monstres s'azurer!

LIVRE SIXIÈME

Il viendront, sans pouvoir ni parler ni répondre,
Éperdus! on verra des auréoles fondre
    Les cornes de leur front;
Ils tiendront dans leur griffe, au milieu des cieux calmes,
Des rayons frissonnants semblables à des palmes;
    Les gueules baiseront!

Ils viendront! ils viendront, tremblants, brisés d'extase,
Chacun d'eux débordant de sanglots comme un vase,
    Mais pourtant sans effroi!
On leur tendra les bras de la haute demeure,
Et Jésus se penchant sur Bélial qui pleure,
    Lui dira : C'est donc toi!

Et vers Dieu par la main il conduira ce frère!
Et, quand ils seront près des degrés de lumière
    Par nous seuls aperçus,
Tous deux seront si beaux, que Dieu, dont l'œil flamboie,
Ne pourra distinguer, père ébloui de joie,
    Bélial de Jésus!

Tout sera dit. Le mal expirera, les larmes
Tariront ; plus de fers, plus de deuils, plus d'alarmes ;
    L'affreux gouffre inclément
Cessera d'être sourd, et bégaiera : Qu'entends-je ?
Les douleurs finiront dans toute l'ombre : un ange
    Criera : Commencement !

Jersey, 1855.

FIN

A

CELLE QUI EST RESTÉE EN FRANCE

I

Mets-toi sur ton séant, lève tes yeux, dérange
Ce drap glacé qui fait des plis sur ton front d'ange,
Ouvre tes mains, et prends ce livre : il est à toi.

Ce livre où vit mon âme, espoir, deuil, rêve, effroi,
Ce livre qui contient le spectre de ma vie,
Mes angoisses, mon aube, hélas! de pleurs suivie,

L'ombre et son ouragan, la rose et son pistil,
Ce livre azuré, triste, orageux, d'où sort-il ?
D'où sort le blême éclair qui déchire la brume ?
Depuis quatre ans, j'habite un tourbillon d'écume ;
Ce livre en a jailli. Dieu dictait, j'écrivais ;
Car je suis paille ou vent : Va! dit l'esprit. Je vais.
Et, quand j'eus terminé ces pages, quand ce livre
Se mit à palpiter, à respirer, à vivre,
Une église des champs que le lierre verdit,
Dont la tour sonne l'heure à mon néant, m'a dit :
Ton cantique est fini ; donne-le-moi, poëte.
Je le réclame, a dit la forêt inquiète ;
Et le doux pré fleuri m'a dit : Donne-le-moi.
La mer, en le voyant frémir, m'a dit : Pourquoi
Ne pas me le jeter, puisque c'est une voile ?
C'est à moi qu'appartient cet hymne, a dit l'étoile.
Donne-le-nous, songeur, ont crié les grands vents.
Et les oiseaux m'ont dit : Vas-tu pas aux vivants
Offrir ce livre, éclos si loin de leurs querelles ?
Laisse-nous l'emporter dans nos nids sur nos ailes !
Mais le vent n'aura point mon livre, ô cieux profonds !
Ni la sauvage mer, livrée aux noirs typhons,
Ouvrant et refermant ses flots, âpres embûches ;
Ni la verte forêt qu'emplit un bruit de ruches,
Ni l'église où le temps fait tourner son compas ;
Le pré ne l'aura pas, l'astre ne l'aura pas,
L'oiseau ne l'aura pas, qu'il soit aigle ou colombe ;
Les nids ne l'auront pas ; je le donne à la tombe.

II

Autrefois, quand septembre en larmes revenait,
Je partais, je quittais tout ce qui me connaît,
Je m'évadais; Paris s'effaçait; rien, personne!
J'allais, je n'étais plus qu'une ombre qui frissonne,
Je fuyais, seul, sans voir, sans penser, sans parler,
Sachant bien que j'irais où je devais aller;
Hélas! je n'aurais pu même dire : Je souffre!
Et, comme subissant l'attraction d'un gouffre,
Que le chemin fût beau, pluvieux, froid, mauvais,
J'ignorais, je marchais devant moi, j'arrivais.
O souvenirs! ô forme horrible des collines!
Et, pendant que la mère et la sœur, orphelines,
Pleuraient dans la maison, je cherchais le lieu noir
Avec l'avidité morne du désespoir;
Puis j'allais au champ triste à côté de l'église;
Tête nue, à pas lents, les cheveux dans la bise,
L'œil aux cieux, j'approchais; l'accablement soutient;
Les arbres murmuraient : C'est le père qui vient!
Les ronces écartaient leurs branches desséchées;
Je marchais à travers les humbles croix penchées,
Disant je ne sais quels doux et funèbres mots;
Et je m'agenouillais au milieu des rameaux

Sur la pierre qu'on voit blanche dans la verdure.
Pourquoi donc dormais-tu d'une façon si dure,
Que tu n'entendais pas lorsque je t'appelais?

Et les pêcheurs passaient en traînant leurs filets,
Et disaient : Qu'est-ce donc que cet homme qui songe?
Et le jour, et le soir, et l'ombre qui s'allonge,
Et Vénus, qui pour moi jadis étincela,
Tout avait disparu que j'étais encor là.
J'étais là, suppliant celui qui nous exauce;
J'adorais, je laissais tomber sur cette fosse,
Hélas! où j'avais vu s'évanouir mes cieux,
Tout mon cœur goutte à goutte en pleurs silencieux;
J'effeuillais de la sauge et de la clématite;
Je me la rappelais quand elle était petite,
Quand elle m'apportait des lis et des jasmins,
Ou quand elle prenait ma plume dans ses mains,
Gaie, et riant d'avoir de l'encre à ses doigts roses;
Je respirais les fleurs sur cette cendre écloses,
Je fixais mon regard sur ces froids gazons verts,
Et par moments, ô Dieu! je voyais, à travers
La pierre du tombeau, comme une lueur d'âme!

Oui, jadis, quand cette heure en deuil qui me réclame
Tintait dans le ciel triste et dans mon cœur saignant,
Rien ne me retenait, et j'allais; maintenant,

Hélas!... — O fleuve! ô bois! vallons dont je fus l'hôte,
Elle sait, n'est-ce pas? que ce n'est pas ma faute,
Si, depuis ces quatre ans, pauvre cœur sans flambeau,
Je ne suis pas allé prier sur son tombeau!

III.

Ainsi ce noir chemin que je faisais, ce marbre
Que je contemplais, pâle, adossé contre un arbre,
Ce tombeau sur lequel mes pieds pouvaient marcher,
La nuit, que je voyais lentement approcher,
Ces ifs, ce crépuscule avec ce cimetière,
Ces sanglots, qui du moins tombaient sur cette pierre,
O mon Dieu! tout cela, c'était donc du bonheur!

Dis, qu'as-tu fait pendant tout ce temps-là? — Seigneur,
Qu'a-t-elle fait? — Vois-tu la vie en vos demeures?
A quelle horloge d'ombre as-tu compté les heures?
As-tu sans bruit parfois poussé l'autre endormi?
Et t'es-tu, m'attendant, réveillée à demi?
T'es-tu, pâle, accoudée à l'obscure fenêtre
De l'infini, cherchant dans l'ombre à reconnaître
Un passant, à travers le noir cercueil mal joint,
Attentive, écoutant si tu n'entendais point
Quelqu'un marcher vers toi dans l'éternité sombre?
Et t'es-tu recouchée ainsi qu'un mât qui sombre,

En disant : Qu'est-ce donc! mon père ne vient pas!
Avez-vous tous les deux parlé de moi tout bas?

Que de fois j'ai choisi, tout mouillés de rosée,
Des lis dans mon jardin, des lis dans ma pensée!
Que de fois j'ai cueilli de l'aubépine en fleur!
Que de fois j'ai, là-bas, cherché la tour d'Harfleur,
Murmurant : C'est demain que je pars! et, stupide,
Je calculais le vent et la voile rapide,
Puis ma main s'ouvrait triste, et je disais : Tout fuit!
Et le bouquet tombait, sinistre, dans la nuit!
Oh! que de fois, sentant qu'elle devait m'attendre,
J'ai pris ce que j'avais dans le cœur de plus tendre
Pour en charger quelqu'un qui passerait par là!

Lazare ouvrit les yeux quand Jésus l'appela;
Quand je lui parle, hélas! pourquoi les ferme-t-elle?
Où serait donc le mal quand de l'ombre mortelle
L'amour violerait deux fois le noir secret,
Et quand ce qu'un dieu fit, un père le ferait?

IV

Que ce livre, du moins, obscur message, arrive,
Murmure, à ce silence, et, flot, à cette rive!

A CELLE QUI EST RESTÉE EN FRANCE

Qu'il y tombe, sanglot, soupir, larme d'amour!
Qu'il entre en ce sépulcre où sont entrés un jour
Le baiser, la jeunesse, et l'aube, et la rosée,
Et le rire adoré de la fraîche épousée,
Et la joie, et mon cœur, qui n'est pas ressorti!
Qu'il soit le cri d'espoir qui n'a jamais menti,
Le chant du deuil, la voix du pâle adieu qui pleure,
Le rêve dont on sent l'aile qui nous effleure!
Qu'elle dise : Quelqu'un est là ; j'entends du bruit!
Qu'il soit comme le pas de mon âme en sa nuit!

Ce livre, légion tournoyante et sans nombre
D'oiseaux blancs dans l'aurore et d'oiseaux noirs dans l'ombre,
Ce vol de souvenirs fuyant à l'horizon,
Cet essaim que je lâche au seuil de ma prison,
Je vous le confie, air, souffles, nuée, espace!
Que ce fauve océan qui me parle à voix basse
Lui soit clément, l'épargne, et le laisse passer!
Et que le vent ait soin de n'en rien disperser,
Et jusqu'au froid caveau fidèlement apporte
Ce don mystérieux de l'absent à la morte!

O Dieu! puisque en effet, dans ces sombres feuillets,
Dans ces strophes qu'au fond de vos cieux je cueillais,
Dans ces chants murmurés comme un épithalame
Pendant que vous tourniez les pages de mon âme,

Puisque j'ai, dans ce livre, enregistré mes jours,
Mes maux, mes deuils, mes cris dans les problèmes sourds,
Mes amours, mes travaux, ma vie heure par heure;
Puisque vous ne voulez pas encor que je meure,
Et qu'il faut bien pourtant que j'aille lui parler ;
Puisque je sens le vent de l'infini souffler
Sur ce livre qu'emplit l'orage et le mystère ;
Puisque j'ai versé là toutes vos ombres, terre,
Humanité, douleur, dont je suis le passant ;
Puisque de mon esprit, de mon cœur, de mon sang,
J'ai fait l'âcre parfum de ces versets funèbres,
Va-t'en, livre, à l'azur, à travers les ténèbres !
Fuis vers la brume où tout à pas lents est conduit !
Oui, qu'il vole à la fosse, à la tombe, à la nuit,
Comme une feuille d'arbre ou comme une âme d'homme
Qu'il roule au gouffre où va tout ce que la voix nomme !
Qu'il tombe au plus profond du sépulcre hagard,
A côté d'elle, ô mort ! et que, là, le regard,
Près de l'ange qui dort, lumineux et sublime,
Le voie épanoui, sombre fleur de l'abîme !

V

O doux commencements d'azur qui me trompiez !
O bonheurs ! je vous ai durement expiés;
J'ai le droit aujourd'hui d'être, quand la nuit tombe,
Un de ceux qui se font écouter de la tombe,

Et qui font, en parlant aux morts blêmes et seuls,
Remuer lentement les plis noirs des linceuls,
Et dont la parole, âpre ou tendre, émeut les pierres,
Les grains dans les sillons, les ombres dans les bières,
La vague et la nuée, et devient une voix
De la nature, ainsi que la rumeur des bois.
Car voilà, n'est-ce pas, tombeau? bien des années,
Que je marche au milieu des croix infortunées,
Échevelé parmi les ifs et les cyprès,
L'âme au bord de la nuit, et m'approchant tout près;
Et que je vais, courbé sur le cercueil austère,
Questionnant le plomb, les clous, le ver de terre
Qui pour moi sort des yeux de la tête de mort,
Le squelette qui rit, le squelette qui mord,
Les mains aux doigts noueux, les crânes, les poussières,
Et les os des genoux qui savent des prières!

Hélas! j'ai fouillé tout. J'ai voulu voir le fond,
Pourquoi le mal en nous avec le bien se fond,
J'ai voulu le savoir. J'ai dit : Que faut-il croire?
J'ai creusé la lumière, et l'aurore et la gloire,
L'enfant joyeux, la vierge et sa chaste frayeur,
Et l'amour, et la vie, et l'âme, — fossoyeur.

Qu'ai-je appris? J'ai, pensif, tout saisi sans rien prendre;
J'ai vu beaucoup de nuit et fait beaucoup de cendre.

Qui sommes-nous?que veut dire ce mot : Toujours?
J'ai tout enseveli, songes, espoirs, amours,
Dans la fosse que j'ai creusée en ma poitrine.
Qui donc a la science? où donc est la doctrine?
Oh! que ne suis-je encor le rêveur d'autrefois,
Qui s'égarait dans l'herbe, et les prés, et les bois,
Qui marchait souriant, le soir, quand le ciel brille,
Tenant la main petite et blanche de sa fille,
Et qui, joyeux, laissant luire le firmament,
Laissant l'enfant parler, se sentait lentement
Emplir de cet azur et de cette innocence!

Entre Dieu qui flamboie et l'ange qui l'encense,
J'ai vécu, j'ai lutté, sans crainte, sans remord.
Puis ma porte soudain s'ouvrit devant la mort,
Cette visite brusque et terrible de l'ombre.
Tu passes en laissant le vide et le décombre,
O spectre! tu saisis mon ange et tu frappas.
Un tombeau fut dès lors le but de tous mes pas.

VI

Je ne puis plus reprendre aujourd'hui dans la plaine
Mon sentier d'autrefois qui descend vers la Seine;
Je ne puis plus aller où j'allais; je ne puis,
Pareil à la laveuse assise au bord du puits,

Que m'accouder au mur de l'éternel abîme;
Paris m'est éclipsé par l'énorme Solime;
La haute Notre-Dame à présent, qui me luit,
C'est l'ombre ayant deux tours, le silence et la nuit,
Et laissant des clartés trouer ses fatals voiles;
Et je vois sur mon front un panthéon d'étoiles;
Si j'appelle Rouen, Villequier, Caudebec,
Toute l'ombre me crie : Horeb, Cédron, Balbeck!
Et, si je pars, m'arrête à la première lieue,
Et me dit : Tourne-toi vers l'immensité bleue!
Et me dit : Les chemins où tu marchais sont clos.
Penche-toi sur les nuits, sur les vents, sur les flots!
A quoi penses-tu donc? que fais-tu, solitaire?
Crois-tu donc sous tes pieds avoir encor la terre?
Où vas-tu de la sorte et machinalement?
O songeur! penche-toi sur l'être et l'élément!
Écoute la rumeur des âmes dans les ondes!
Contemple, s'il te faut de la cendre, les mondes;
Cherche au moins la poussière immense, si tu veux
Mêler de la poussière à tes sombres cheveux,
Et regarde, en dehors de ton propre martyre,
Le grand néant, si c'est le néant qui t'attire!
Sois tout à ces soleils où tu remonteras!
Laisse là ton vil coin de terre. Tends les bras,
O proscrit de l'azur! vers les astres-patries;
Revois-y refleurir tes aurores flétries;
Deviens le grand œil fixe ouvert sur le grand tout.
Penche-toi sur l'énigme où l'être se dissout,

Sur tout ce qui naît, vit, marche, s'éteint, succombe,
Sur tout le genre humain et sur toute la tombe!

Mais mon cœur toujours saigne et du même côté.
C'est en vain que les cieux, les nuits, l'éternité,
Veulent distraire une âme et calmer un atome.
Tout l'éblouissement des lumières du dôme
M'ôte-t-il une larme? Ah! l'étendue a beau
Me parler, me montrer l'universel tombeau,
Les soirs sereins, les bois rêveurs, la lune amie;
J'écoute, et je reviens à la douce endormie.

VII

Des fleurs! oh! si j'avais des fleurs! si je pouvais
Aller semer des lis sur ces deux froids chevets!
Si je pouvais couvrir de fleurs mon ange pâle!
Les fleurs sont l'or, l'azur, l'émeraude, l'opale!
Le cercueil au milieu des fleurs veut se coucher;
Les fleurs aiment la mort, et Dieu les fait toucher
Par leur racine aux os, par leur parfum aux âmes,
Puisque je ne le puis, aux lieux que nous aimâmes
Puisque Dieu ne veut pas nous laisser revenir,
Puisqu'il nous fait lâcher ce qu'on croyait tenir,
Puisque le froid destin, dans ma geôle profonde,
Sur la première porte en scelle une seconde,

Et sur le père triste et sur l'enfant qui dort
Ferme l'exil après avoir fermé la mort,
Puisqu'il est impossible à présent que je jette
Même un brin de bruyère à sa fosse muette,
C'est bien le moins qu'elle ait mon âme, n'est-ce pas ?
O vent noir dont j'entends sur mon plafond le pas !
Tempête, hiver, qui bats ma vitre de ta grêle !
Mers, nuits ! et je l'ai mise en ce livre pour elle !

Prends ce livre; et dis-toi : Ceci vient du vivant
Que nous avons laissé derrière nous, rêvant.
Prends. Et, quoique de loin, reconnais ma voix, âme !
Oh ! ta cendre est le lit de mon reste de flamme;
Ta tombe est mon espoir, ma charité, ma foi;
Ton linceul toujours flotte entre la vie et moi.
Prends ce livre et fais-en sortir un divin psaume !
Qu'entre tes vagues mains il devienne fantôme !
Qu'il blanchisse, pareil à l'aube qui pâlit,
A mesure que l'œil de mon ange le lit.
Et qu'il s'évanouisse, et flotte et disparaisse,
Ainsi qu'un âtre obscur qu'un souffle errant caresse,
Ainsi qu'une lueur qu'on voit passer le soir,
Ainsi qu'un tourbillon de feu de l'encensoir,
Et que, sous ton regard éblouissant et sombre,
Chaque page s'en aille en étoiles dans l'ombre !

VIII

Oh! quoi que nous fassions et quoi que nous disions,
Soit que notre âme plane au vent des visions,
Soit qu'elle se cramponne à l'argile natale,
Toujours nous arrivons à ta grotte fatale,
Gethsémani, qu'éclaire une vague lueur!
O rocher de l'étrange et funèbre sueur!
Cave où l'esprit combat le destin! ouverture
Sur les profonds effrois de la sombre nature!
Antre d'où le lion sort rêveur, en voyant
Quelqu'un de plus sinistre et de plus effrayant,
La douleur, entrer, pâle, amère, échevelée!
O chute! asile! ô seuil de la trouble vallée
D'où nous apercevons nos ans fuyants et courts,
Nos propres pas marqués dans la fange des jours,
L'échelle où le mal pèse et monte, spectre louche,
L'âpre frémissement de la palme farouche,
Les degrés noirs tirant en bas les blancs degrés,
Et les frissons aux fronts des anges effarés!

Toujours nous arrivons à cette solitude,
Et, là, nous nous taisons, sentant la plénitude!

Paix à l'Ombre! Dormez! dormez! dormez! dormez!
Êtres, groupes confus lentement transformés!

Dormez, les champs! dormez, les fleurs! dormez les tombes!
Toits, murs, seuils des maisons, pierres des catacombes,
Feuilles au fond des bois, plumes au fond des nids,
Dormez! dormez, brins d'herbe, et dormez, infinis!
Calmez-vous, forêt, chêne, érable, frêne, yeuse!
Silence sur la grande horreur religieuse,
Sur l'Océan qui lutte et qui ronge son mors,
Et sur l'apaisement insondable des morts!
Paix à l'obscurité muette et redoutée!
Paix au doute effrayant, à l'immense ombre athée;
A toi, nature, cercle et centre, âme et milieu,
Fourmillement de tout, solitude de Dieu!
O générations aux brumeuses haleines,
Reposez-vous! pas noirs qui marchez dans les plaines!
Dormez, vous qui saignez; dormez, vous qui pleurez!
Douleurs, douleurs, douleurs, fermez vos yeux sacrés!
Tout est religion, et rien n'est imposture.
Que sur toute existence et toute créature,
Vivant du souffle humain ou du souffle animal,
Debout au seuil du bien, croulante au bord du mal,
Tendre ou farouche, immonde ou splendide, humble ou grande,
La vaste paix des cieux de toutes parts descende!
Que les enfers dormants rêvent les paradis!
Assoupissez-vous, flots, mers, vents, âmes, tandis
Qu'assis sur la montagne en présence de l'Être,
Précipice où l'on voit pêle-mêle apparaître
Les créations, l'astre et l'homme, les essieux
De ces chars de soleils que nous nommons les cieux,

Les globes, fruits vermeils des divines ramées,
Les comètes d'argent dans un champ noir semées,
Larmes blanches du drap mortuaire des nuits,
Les chaos, les hivers, ces lugubres ennuis,
Pâle, ivre d'ignorance, ébloui de ténèbres,
Voyant dans l'infini s'écrire des algèbres,
Le contemplateur, triste et meurtri, mais serein,
Mesure le problème aux murailles d'airain,
Cherche à distinguer l'aube à travers les prodiges,
Se penche, frémissant, au puits des grands vertiges,
Suit de l'œil des blancheurs qui passent, alcyons,
Et regarde, pensif, s'étoiler de rayons,
De clartés, de lueurs, vaguement enflammées,
Le gouffre monstrueux plein d'énormes fumées.

Guernesey, 2 novembre 1855, jour des Morts.

TABLE

TABLE

DU SECOND VOLUME

—

1845-1856

—

LIVRE QUATRIÈME

PAUCA MEÆ

I. Pure innocence! vertu rayonnante!....................	3
II. 15 FÉVRIER 1843..	7
III. TROIS ANS APRÈS.....................................	11
IV. Oh! je fus comme fou dans le premier moment........	19
V. Elle avait pris ce pli dans son âge enfantin............	21
VI. Quand nous habitions tous ensemble..................	23
VII. Elle était pâle, et pourtant rose.....................	27
VIII. A qui donc sommes-nous?...........................	31

TABLE

IX. O souvenirs! printemps! aurore!........................	33
X. Pendant que le marin, qui calcule et qui doute.........	37
XI. On vit, on parle...	39
XII. A QUOI SONGEAIENT LES DEUX CAVALIERS DANS LA FORÊT.....	41
XIII. VENI, VIDI, VIXI..	45
XIV. Demain, dès l'aube, à l'heure où blanchit la campagne..	49
XV. A VILLEQUIER..	59
XVI. MORS...	61
XVII. CHARLES VACQUERIE..	63

LIVRE CINQUIÈME

EN MARCHE

I. A AUG. V..	73
II. AU FILS D'UN POËTE...	75
III. ÉCRIT EN 1846. — ÉCRIT EN 1855...........................	79
IV. La source tombait du rocher................................	101
V. A MADEMOISELLE LOUISE B.....................................	103
VI. A VOUS QUI ÊTES LA...	109
VII. Pour l'erreur, éclairer, c'est apostasier.................	113
VIII. A JULES J..	115
IX. LE MENDIANT..	119
X. AUX FEUILLANTINES..	121
XI. PONTO...	125
XII. DOLOROSÆ..	127

XIII. Paroles sur la dune...................................	129
XIV. Claire P...	133
XV. A Alexandre D......................................	137
XVI. Lueur au couchant..................................	139
XVII. Mugitusque boum...................................	143
XVIII. Apparition...	147
XIX. Au poëte qui m'envoie une plume d'aigle............	149
XX. Cerigo...	151
XXI. A Paul M..	155
XXII. Je payai le pêcheur, qui passa son chemin............	157
XXIII. Le vallon où je vais tous les jours est charmant.......	159
XXIV. J'ai cueilli cette fleur pour toi......................	163
XXV. O strophe du poëte.................................	165
XXVI. Les malheureux...................................	167

LIVRE SIXIÈME

AU BORD DE L'INFINI

I. Le pont..	187
II. Ibo...	189
III. Un spectre m'attendait.............................	197
IV. Écoutez. Je suis Jean..............................	199
V. Croire, mais pas en nous...........................	201
VI. Pleurs dans la nuit................................	205
VII. Un jour, le morne esprit, le prophète sublime.........	239

VIII.	Claire	241
IX.	A la fenêtre, pendant la nuit	251
X.	Éclaircie	259
XI.	Oh! par nos vils plaisirs, nos appétits, nos fanges	263
XII.	Aux anges qui nous voient	265
XIII.	Cadaver	267
XIV.	O gouffre! l'âme plonge et rapporte le doute	271
XV.	A celle qui est voilée	273
XVI.	Horror	281
XVII.	Dolor	289
XVIII.	Hélas! tout est sépulcre	295
XIX.	Voyage de nuit	297
XX.	Relligio	301
XXI.	Spes	303
XXII.	Ce que c'est que la mort	305
XXIII.	Les mages	307
XXIV.	En frappant a une porte	341
XXV.	Nomen, numen, lumen	345
XXVI.	Ce que dit la bouche d'ombre	347

A celle qui est restée en France.......... 387

FIN DE LA TABLE DU SECOND VOLUME

PARIS. — IMPRIMERIE DE E. MARTINET, RUE MIGNON, 2.

OEUVRES COMPLÈTES
DE
ALFRED DE MUSSET

10 VOLUMES IN-8° CAVALIER VÉLIN

ORNÉS DU PORTRAIT DE L'AUTEUR

ET DE 28 DESSINS DE BIDA GRAVÉS SUR ACIER

PRIX : 80 FRANCS

www.ingramcontent.com/pod-product-compliance
Lightning Source LLC
Chambersburg PA
CBHW050903230426
43666CB00010B/1997